實踐神學系列

實踐神學導引

服事中的神學思考

保羅・巴拉德
約翰・普禮查特 著
關瑞文 系列主編
梁偉業、趙半農 譯

基道出版社

▼

實踐神學系列

實踐神學導引：服事中的神學思考

Practical Theology in Action

Christian Thinking in the Service of Church and Society (2nd Edition)

作者
保羅．巴拉德 Paul Ballard
約翰．普禮查特 John Pritchard

系列主編
關瑞文

譯者
梁偉業、趙半農

審閱
李金好、趙半農

執行編輯
沈靜筠

裝幀設計
奇文雲海．設計顧問

■

出版 / 發行
基道出版社
香港沙田火炭坳背灣街 26 號富騰工業中心 1011 室
LOGOS PUBLISHERS
Unit 1011, Fo Tan Ind. Centre, 26 Au Pui Wan St., Shatin, Hong Kong
電話：(852) 2687-0331　傳真：(852) 2687-0281
網址：http://www.logos.com.hk

承印
陽光(彩美)印刷公司

●

12/2015 初版
Cat. No. LP383
ISBN: 978-962-457-502-6
First published in Great Britain in 1996
Society for Promoting Christian Knowledge, 36 Causton Street, London SW1P 4ST, England
Second edition published 2006

刷次	10	9	8	7	6	5	4	3	2	1
年份	2024	2023	2022	2021	2020	2019	2018	2017	2016	2015

系列主編序

當寫這序之際，正是我服事的神學院舉辦的一年一度亞洲神學及文化暑期班之始。

這暑期班名為「亞洲文化與神學高級研修班」（簡稱IASACT），為期一個月。參加者來自亞洲、非洲、美國，共十六人，全都是亞洲文化及神學的學者和專家。他們把自己手頭上的研究項目，帶來IASACT，在此彼此交流，分享心得；透過大小不同的討論會，他們可深入地及批判地互相斧正，最後發表研究報告，為學術圈子、教會及社會作出貢獻。作為IASACT的教務長，我有幸能仔細閱讀每份研究計劃，並參與討論會。他們的研究儘管非常學術，卻也非常具在地實踐性。例如，其中一個研究項目，是探討一間具靈恩色彩的新興教會，如何消解位於印尼某部落的內部爭鬥及暴力紛爭。又例如，另外一個研究項目，是研探宗教論述如何在印度使穆斯林婦女順從一些與普世價值相反的社會規範。又有一個項目，是為印度某部落尋求一個可以讓其產生共鳴的基督論。他們的神學，大多以實踐為念，由生活世界出發，最終又回到生活世界裏；這種的神學，為上帝所托付的使命打通理論的經脈，使實踐世界更通透晶瑩，也使過往搭建的理論得以從實踐中修正。理論與實踐並駕齊驅，使轉化教會及世界的努力，事半功倍。這些學者，既是理論家，又是轉化的倡導者；既在象牙塔內，也在象牙塔外。其實，這就是實踐神學的精髓。

在神學的圈子裏，自上世紀中葉以來，神學的實踐性一再被重申。這其實並不是甚麼新事物。遠自中世紀，已經有神學巨人，如董思高（John Duns Scotus），他強調神學乃一門實踐科學（practical science），其所關注的那一位乃生命之終極彼岸——即上帝本身——以及人如何可以達到這彼岸。馬丁・路德（Martin Luther）早於幾百年前曾如此說：「真正的神學，是實踐的；思辨神學，是屬於地獄裏的魔鬼的。」他還有趣地打了一個比方，說一個商人，如果只是坐下來精密計算今年他可獲利多少，那只是紙上談兵，甚麼也沒有實踐過，到頭來他的生意只會剩下一場空。當今實踐神學大師歐斯孟（Richard R. Osmer）於《實踐神學國際期刊》（*International Journal of Practical Theology*）指出，近數十年來，實踐神學這門學科有不少新的建樹，包括其在學術地位上，有不少的進展。他又強調，把實踐神學視為只關心技術研發，或把實踐神學視為應用神學，是非常落伍的看法，是生於對神學傳統的無知和誤解。簡言之，他敬告讀者，實踐神學，是重申神學的實踐性的學術學科。

把神學的學術性及實踐性重新關聯在一起，絕不是在真空裏發生的。這種的重申，其實是孕育於神學教育的改革史中。第一波的改革，由尼布爾（Richard Niebuhr）於一九五〇年代展開。[1]他狠批士來馬赫（Friedrich Schleiermacher）的神學教育模型，認為他基於十九世紀的德國大學教育特殊處境，把神學一分為三，即哲學神學、歷史神學、實踐神學，這驅使後來的神學教育變得支離破碎，科際間互相脫離，理論與實踐變成兩個不同的領域。第二波的改革，由費爾丁（Charles R. Feilding）[2]於一九六〇年代領頭。他認為要治療神學教育那種支離破碎的病症，必須把神學教育根植在臨牀世界中。第三波的改革，始於一九八〇年代法利（Edward Farley）的反思討論。這一輪的討論，參與者眾多，當中包括不少有名氣的神學家，他們的討論非常豐富。其中霍夫（Joseph C. Hough）及科布（John B. Cobb）[3]就指出，神學教育必須朝向科際整合的方向改良，並且必須把神學結合到在地實踐的事情。他們認為，神學教育的任務，就是要培育具有兩重特質的實踐神學人——即具信仰傳統視野的實踐基督信仰思考者（practical Christian thinker）及善於在行動中思想的反思實踐者（reflective practitioner）。

這場神學教育的反思運動，喚起了神學人對實踐神學的重視，呼喚了神學人回歸傳統去重新理解神學本身的實踐性。

在英國，這個勢頭來得猛烈，對神學教育的發展有一定程度的影響。例如，劍橋神學聯盟（Cambridge Theological Federation）自二〇〇六年起，提供實踐神學專業博士課程，我任教的神學院也在港協助其推展。在這勢頭下，很自然，愈來愈多專書介紹何謂實踐神學、實踐神學在何種意義上是一門獨立學科、實踐神學如何連結學術與實踐、實踐神學的方法論有何特色、實踐神學牽涉甚麼範圍等等。本書就是對以上種種探討作出了整全的介紹，並且深入淺出，有案例，也有概念闡釋。

環觀目下的香港教會和神學教育界，對實踐神學的認識仍然停留在很落後的階段。不少神學教育工作者，仍然視實踐神學為技術應用層次的非學術性科目，是一門低於聖經科或系統神學科的衍生性或下游學科。筆者盼望藉著本書，能更新本土對實踐神學的了解。

關瑞文
香港中文大學崇基學院神學院（行政）副院長、教授

註釋：

1. Niebuhr, H. Richard, *The Purpose of the Church and Its Ministry: Reflections on the Aims of Theological Education* (Harper 1956).
2. Feilding, Charles R., *Education for Ministry* (American Association of Theological Schools 1966).
3. Hough, Joseph C., and Cobb, John B., *Christian Identity and Theological Education* (Scholars 1985).

初版序

本書的出現，源於回應一個迫切的需求。實踐神學（practical theology）以其現代形式，今已成為神學光譜中備受認可的一環。二十世紀六十年代，是實踐神學這學科展現其當代面貌的基礎時期。有關這段實驗期和接著的鞏固期的發展，已被撮錄在一九八六年出版的《教牧研究和實用神學基礎》（*The Foundations of Pastoral Studies and Practical Theology*）一書內（見第一章）。該書是由一系列的短論結集而成，由一個位於布里斯托爾（Bristol）的教師工作小組，花了兩年時間會面而撰寫成的。這既奠定了標記，又提供了參照點。但時間並沒有停滯不前，還有嶄新的發展，這種發展正意味著，對實踐神學這十年走過的路再次作出反省，實正合時宜。在某些方面，需要依舊：為一個無論在目標、內容以及其制度化的表現形式皆日益多元化的領域，提供理論依據和神學焦點。因此，本書的首要任務，就是探討實踐神學作為神學科目的本質，並對照其他神學環節，強調其作為神學活動的重要性 。而另一項任務，則是滿足這範疇缺乏入門指引這一需求。至少，在英國似乎沒有甚麼材料可給有心的初學者使用，而他們正邁向這看似未知的水域。我們心中的寫作對象有四類。

首先，每年都有相當數量的學生修讀實踐神學課程 。雖算不上全部學生，但其中許多學生，都是接受牧職培訓的。其餘的學生則為了不同的理由。有的是為其他事工作裝備，有的只是希望將他
x 們的神學學習植根於實踐之上。這些課程的組合，形形色色：從傳統課堂的教學，到工場經驗的反省；由一系列的標準神學課程，到以實踐為本的學習或自學閱讀/導修課程。但對大多數學生而言，實踐神學這個新領域帶來新的需求。本書能提供這科所需要的導引和入門，將使學生得益不少。

第二類是平信徒。愈來愈多的平信徒參與各種形式的事工及牧養關懷活動，例如事奉團隊、平信徒牧者、循道宗的義務教士、英國聖公會的讀經員、教牧助理和所有曾於教會作出實踐行動的信徒。

第三類令我們想起的，是授命任教這科目的同儕。有些可能剛從工場的實踐，步進教學的場景，而他們之前的教學體驗，可能是多年前的事、已過時或屬正規學術模式的；有些可能其背景是受過其他專業領域培訓的，需要進一步了解所謂做神學是甚麼一回事。另外有些可能正從理論性的神學進到實踐性的 。對許多人來說，在任何情況下，實踐神學是一個未知之數。希望這樣的入門書，能使他們以具神學創意的方式來善用他們的恩賜和智慧。

第四類是包涵更廣的：那些不論原因為何，而可能很想知道實踐神學家對於他們所做的有何想法的人。這些人可能包括：來自其他神學學科的同儕、對培訓這話題感興趣的教會領袖、希望獲得資訊的平信徒，或者那些來自其他專業而有興趣了解他們的同儕如何

在教會工作的人。

本書著手處理幾件事。第一部探索實踐神學作為神學科目的本質，並對比其他神學學科，找出它的定位。這包括探討這科的根本議題：理論與實踐之間的關係。實踐神學的具體任務，是在教會內部以及在廣大社會中反省基督徒的生活及實踐。因此，實踐神學明確指出，神學理解與忠心實踐之間的連結，這是所有神學活動的核心。

第二部著眼於做實踐神學的過程。因此，其中一些篇章會談及從經驗中學習的方法、不同資源的運用，以及對牧養行動的委身。實踐神學促進神學與社會及個人具體實況的交鋒。這必須包括理解和掌握技能與洞見。然而，跟所有神學一樣，實踐神學最終不只是方法或技術，而是在於智慧與靈性的成長，以及藉基督的靈所模塑的人格。 xi

這樣的一本書只能是入門之作。為使讀者易於涉足有關文獻，書中提供了一個初步的參考書目。當然，書目只能看成是一個起點。無論如何，文獻是重要的，而學生必須好好掌握這領域的技能和資料，從而探索這領域。實踐神學是一個既講學術又談實踐的科目，在充分的資訊和理解的基礎上，還需要進行理性和批判性的探索。

與此同時，實踐神學也植根於真實的人類生活，所以本書會從相關的個案研究帶出討論。雖然個案中的人物和處境是虛構的，但是他們所呈現的，都是真實的處境和經驗類型。本書也勾畫了一些頗為詳細的建議和方法，來處理做實踐神學的不同層面。因此，對於那些初次接觸這項既叫人興奮又日漸擴展的神學事業的人來說，本書盼望能為他們奠下有用的基礎。

保羅・巴拉德、約翰・普禮查特

第二版序

本書的認受性令人非常鼓舞。它已成為其中一本實踐神學科的 xii
標準課本，擁有一大羣讀者，它亦成為實踐神學和/或牧職培訓課程的推薦教材 。這情況不僅發生在英國，也在英語世界的其他地方出現。

然而，自初版出版之後的這十年間，儘管許多人事仍舊非常熟悉，但教會和社會皆目睹了許多變遷。因此，初版的內文大都能保留下來，但在細節上則作出了修訂，以致更能緊扣目前的處境。不過，有兩方面需要作出重大調整。新增的一章，反映出我們需要更直接地考慮到今天所說的後現代世界。在參考書目方面，不但已作出更新和擴充，而且也保留了對早期文獻的參照，這種安排，對於首次接觸這科目的讀者來說，是有價值的。

這裏值得重申本書的目的。本書主要嘗試處理牧養上與宣教上的任務——連繫處境和在處境中作神學思考。依此來看，實踐神學首先不是以技能或訓練來定義。當然這些都是必要的，這些技能或訓練也需要藉著適當的資源來學習。但更適切的做法，就是將實踐神學定義為神學思考的理論與實踐：對基督信仰羣體、當中的會友和牧者、平信徒和聖職人員而言，這定義説明了他們的靈性和實踐。本書若對促成實踐神學這大業有所貢獻，那麼它就完成任務了。

保羅・巴拉德、約翰・普禮查特

目錄

1.

現今實踐神學的重要性

基督教神學從來不是純粹理論的探究，而是實踐的學問。神學是「信仰尋求理解」(faith seeking understanding)。它是出於門徒生活的經驗，目的是對這種信仰的委身進行反省，並為之效力。所有的神學，都是扎根於基督信仰羣體在崇拜、宣講、服事，以及日常生活中的見證。因此，參與神學活動——包括實踐神學——成為了信仰主流的一部分，這信仰主流包括了那些曾在過去為著何謂活像基督的僕人而苦苦掙扎的人。在今天的時代，我們從他們身上所承繼的智慧，是我們從事同樣任務的一項資源。

然而，實踐神學是一門神學專科。它專門處理在教會之內，以及與更大的社會相關的基督徒生活和踐行。但這個限制性的定義是相對近期的，是源於過去三百年的學術與文化的變遷。這也意味著，主流學術的神學學科曾將實踐神學邊緣化，並往往將實踐神學置身於神學殿堂的次席。不過，在神學的領域，實踐神學擔任灰姑娘的日子似乎已經結束；在最近的數十年，對實踐神學的關注出現復興。事實上，有迹象顯示，它正步向舞台的中心；因此，進入實踐神學的範疇，就是進入一個日漸成長及振奮人心的研究領域。

2 實踐神學的擴展

這種對實踐神學關注的重現，可從兩方面的活動增長來説明。首先，增長出現在學術圈子內。在一九七〇年，在鮑勃・蘭伯恩（Bob Lambourne）和吉姆・布萊基（Jim Blackie）的鼓動下，有八至九位任教這學科的教師在曼徹斯特會面。這兩名先鋒來自邊境的兩端。蘭伯恩最近被任命為英國伯明翰大學首位教牧研究的講師，這是一個英格蘭神學和威爾斯神學的新方向。布萊基是愛丁堡的基督教倫理與實踐神學教授，正在為歷史悠久的學系進行更新。他除了為培訓聖職人員提供傳統基本課程外，還引進了嶄新而多元化的課程。其他人也隨後仿效。在七十年代的神學院，特別是英國聖公會的神學院，迅速引進牧養神學及牧養培訓的課程，這明顯地推進了整個過程。[1]結果是自一九七〇年起，幾乎每年都舉行這個大會；這個大會現已超過五十人出席，他們來自廣泛的教育機構和其他機構及組織。在一九九四年，英國及愛爾蘭實踐神學協會（British and Irish Association of Practical Theology, BIAPT）正式成立，並繼續在每年七月開會，而且還採納一些措施，如發動或贊助研究。在此之前，國際實踐神學學院（International Academy for Practical Theology）於一九九三年在普林斯頓落成。這學院兩年一度的會議在世界各國召開，匯集了來自眾多文化和傳統的學者。它的會議文集已經成為了解這學科的國際面向的資源教材。而總部設在荷蘭的奈梅亨（Nijmegen）的國際實證神學研究協會（International Society of Empirical Research in Theology, ISERT）聯同《實證神學期刊》

(*Journal of Empirical Theology*)，為那些在神學和牧養關懷領域上從事質性和量性研究者提供論壇。這門學科正持續擴展。

其次，與學術界發展並行的，是教會內以及對此關注的人或
羣體所推動的行動。這裏涉及兩類的關注。第一類是牧養關懷
的領域。不少團體冒起，推廣牧養工作的標準和技能。我們留
意到，例如：蘇格蘭牧養協會(Scottish Pastoral Association)創
辦了《接觸》期刊(*Contact*)，這期刊在英國教牧行內具領導的
地位；臨牀神學協會(Clinical Theology Association)，即現在的 3
布里奇牧養基金會(Bridge Pastoral Foundation)，是建基於法蘭
克．理克(Frank Lake)所做的開拓工作；威斯敏斯特牧養基金
會(Westminster Pastoral Foundation)，是比爾．凱爾(Bill Kyle)
的心血結晶，現為全國性輔導中心網絡的核心；還有牧養關懷與
輔導協會(Association for Pastoral Care and Counselling)，它
是英國輔導與心理治療協會(British Association for Counselling
and Psychotherapy)的一員。最近在若干領域，它們對院牧
(chaplaincy)的興趣，愈來愈大。其中最值得注意的是醫護界的
院牧工作，他們也有自己的協會。[2] 至於對跨學科的關注，就由宗
教與醫學研究所(Institute for Religion and Medicine)和教會醫治
協會(Churches' Council for Healing)這些機構來提供支援。第二
類的措施則沒那麼有條理，姑且可以歸納在「教會與社會」這標題
之下。我們可以在此舉例，如：工業宣教協會(Industrial Mission
Association)，是出自特德．韋甘(Ted Wickham)在雪菲的開創工
作；教會抗貧基金會(Church Action on Poverty)；教會社區工作
聯盟(Churches' Community Work Alliance, CCWA)；福音派城市
宣教聯盟(Evangelical Coalition for Urban Mission, ECUM)；在雪
菲的城市神學組(Urban Theology Unit, UTU)；以及在曼徹斯特的

湯樸威廉基金會(William Temple Foundation, WTF)。這些機構只是其中一些例子，代表著基督徒的關注和行動的不同方面，這些關注和行動對個別或整體教會的想法和實踐施加壓力。

文化脈絡

所有這些日益增長的活動，皆源於在教會和更廣闊的社會中的一些根本變化，這些變化已結合起來，將實踐神學推到顯要地位，並重塑或替換早期的做法。

第一，社會出現了**根本性轉移**(fundamental shift)。基督教不再被自動假定為英國文化的規範表現。我們現正生活在那常被稱為後現代或後基督教並日益多元化的社會，社會中有不同的信仰(宗教的或人文主義的)，這些信仰會以互相合作或以彼此競爭的多樣狀態並排而坐。而其中一個影響，就是基督信仰羣體日漸感受到，他們必須在體制上和理性上維護自己的存在。在這尋找基督徒身分的過程中，神學成為一項重要的資源。神學再也不能(假如它以往
4 是這樣)作為一個純粹「學術」或獨立的活動，而是必須被視為對基督徒的見證生活和服事生活作出直接和實際的貢獻。此外，近年出現了強烈的靈修熱潮。範圍從基督教傳統模式的復興，到新紀元運動或東方宗教。再次，基督信仰羣體自覺必須在開放的市場重新擺放其攤位。因此不出所料，愈來愈多的神學被公開描述為「實踐的」(practical)，為要幫助學生在改變中的世界的脈絡裏，了解自己的信仰。

第二，特別是在第二次世界大戰期間及之後，**社會科學**(social sciences)和那些與社會科學相關的專業，如社會工作、治療、輔導和教育，它們的崛起相當驚人。這當然意味著，基督信仰不得不

開始與新的知性挑戰對話。然而，重要的是，這會帶來明顯而直接的實踐含義。福利國家（Welfare State）已要求教會就其社會責任作出艱鉅的調整，而諷刺的地方是，教會的社會責任目前卻需要重新議定。政府的政策日益將重點從政府補助和支援，轉向私營措施和個人責任。這意味著大幅削減福利，甚至叫部分福利體制崩潰。例如，在「社區顯關懷」（Care in the Community）的個案中，愈來愈多的擔子，轉移到家庭支援以及商業機構和志願組織身上。由於部分的新重點是關乎志願團體，以及政府想利用其與信仰羣體的合作，因此，許多在上一代教會移交給福利國家的角色，這一代的教會現被要求再次承當。然而，這安排已配上那日益緊縮的法例——由殘疾人士到兒童保護的所有社區及服務設施皆涉及其中。

然而，與此同時，醫護專業發展出自己的專業理論和技能——現在這種種都已被視為優良實踐的標準——因此，它們成為了神職人員的專業發展和提升基督教志願工作質素的模範。實踐神學一直處於此任務的最前線（儘管愈來愈多其他神學分支也受到影響）。這意味著在我們的時代，於基督教跟現代文化的重要面向的相遇而言，實踐神學可說是站在最前線。

第三個重大變化，與前二者有關卻具有不同的特性。它可 5
被描述為**神學的處境化**（contextualization of theology）。最著名的例子是拉丁美洲的解放神學（liberation theology），但處境性（contextuality）可以有許多形式和面貌。[3] 這種神學方法有兩個標記：必須認真以生活處境作為神學反省的根據和材料；以及假設所有神學活動都是指向一個實踐的目的，就是為著天國的公義與和平作見證和努力。因此，我們會發現拉丁美洲和其他地區的神學，都是植根於城市貧民窟或農村貧困地區的「基層」社羣（base communities）。這種神學所指向的是上帝的權能，而祂更分擔著社羣與人民生命中的破損。相比起正信——相信正確的事物——這種神學更關注的是正行，也就是努力去活出信仰。這表明了神學如何在運作上有著重大的轉向：本質上，神學是一項實踐大業。神學反思從而成為行動的一部分，是要在整個基督信仰羣體內、並與羣體一起完成的事。這樣的進路影響深遠。無論是有意地，還是靠耳濡目染，在英國，許多的實踐都瀰漫著這種神學反思。這不單出現在基督信仰羣體的基層中，也愈來愈多地出現於大學和院校較正規的神學活動中。

與此同時，另外兩條神學進路已經形成，這兩條進路充分體現這專科的實踐性質。因著對後現代主義的部分反應和此後對基督徒身分的探索，神學的重點便會放在：在文化多元的社會中，基督信仰的獨特和批判本質。這以許多形式進行，並將一些早已存在的基督信仰立場重新恢復過來。而基進正統主義（radical orthodoxy）可能是當中的表表者。從另一個角度看，特別是從聖經學者的角度來看，神學乃為詮釋學，也就是以神學作為文本與處境、傳統與當代實踐之間的對話。就牧養實踐而言，這做法以「故事」形式呈現，且被許多人所採納。[4]

然而，這種發展給我們造成了矛盾，這是由於以上的討論帶出
了兩個實踐神學的模型：要麼實踐神學是在神學的廣泛領域中的一
6 個專門分支，以相關的技術和實踐來發展其特殊的關注及任務；不
然的話，它便是神學的規範形式，即實踐性成為所有神學的發展焦
點。可是，這兩者雖然看來向著不同的方向拉扯，但我們也不應將
它們看為必然是互相矛盾的。或許，我們需要與這矛盾共處。事實
上，這裏將對實踐神學作出假設，而這假設在往後的篇章大綱中也
會秉持：這假設就是，實踐神學確實是一門學科，在神學範疇內有
其特有功用；但這並不是說，它要脫離其他神學科目去獨立運作，

因為所有神學在本質上，其實只是一個單一的和實踐的活動。因此，所有神學作為一個實踐性學科這事實，在實踐神學這科上明顯表現出來。實踐神學是對神學的根本任務的主要見證，它代表和分享著所有其他神學科目的共同神學召命。

實踐神學的內容不斷擴充

實踐神學的範圍和宗旨，也已經以另一種方式來擴展。它不再局限於事工裝備。今天，人接觸實踐神學的原因很多，他們可能帶著特別的關注，如關心貧民區的環境或狀況；或者，他們可能希望回應社會的趨勢和應付社會的挑戰與壓力；或者，他們的目的可能是想更加了解，在特定的處境下——譬如教師、經理或工廠工人的情況如何——門徒的生活是怎樣的；或者，他們可能是為了從某個神學處境中得著事工所需的見解和技能，從而可將之應用在其他形式的牧養關顧工作上，就如青年工作、輔導或看護工作。所以，實踐神學引起各類人士的關注，它針對活出信仰的生命，提出有關意義和真理的神學議題。它匯集理論和實踐；它涉及牧養技巧和牧職培訓，也關注社會政策和文化體驗的各方面。

在一個有可能成為非常廣泛的領域裏，是需要設法去限制導引式的討論的，因此，這裏的焦點，是放在實踐神學作為一門較為學術的神學學科。這樣做，不是要忘記：不論在教會內，還是跟教
會並肩，廣泛的活動和機會所做的實踐神學，也是構成這領域的重 7
要部分。因此，在第一部，我們會研究實踐神學在所有神學科目的光譜內的位置；而在第二部，我們採納了一些我們認為是構成實踐神學的基礎核心的方法和策略。為此，目的是要介紹實踐神學是甚麼一回事，並從而指出這看似有點迥異的學科當中的融貫性。

註釋

1. 關於英國這學科的介紹，見 Ballard, Paul H., *The Foundations of Pastoral Studies and Practical Theology* (University College, Cardiff 1986)；另有些相關的文章載於《接觸》期刊 (*Contact*)，由以下作者撰寫：Lambourne, R.A. (35, 1971)；Gill, Robin (56, 1977)；Lyall, David (65, 1979)；Dyson, A.O. (56, 1977)；Wharton, Martin (78, 1983)；Pattison, Stephen (80, 1983)；Elford, John (80, 1983)；Wilson, Michael (87, 1985)；Campbell, Alastair (88, 1985)；Lartey, Emmanuel (112, 1993)。
2. 關於一些所提及的組織的介紹，可見於《接觸》期刊內相關文章及評論，例如：83, 85, 1984；88, 1985；89, 1986；97, 1988；100, 1989；106, 1991。至於院牧的介紹，見 Legood, Giles, *Chaplaincy: The Church's Sector Ministries* (Cassell 1999)；Swift, Christopher, *Contact* 144, 2004，曾刊載有關從事精神健康護理的院牧所面對的議題。
3. 解放神學的重要性將稍後於本書第五章討論。關於做神學的處境模式，見 Bevans, S.B., *Models of Contextual Theology* (Orbis 1992) 。
4. 這會在第五章跟進，至於基進正統主義，見 Hyman, Gavin, *The Predicament of Postmodern Theology: Radical Orthodoxy or Nihilist Textualism?* (Westminster/John Knox 2001)；而有關牧養關顧的釋經學，參見：Ballard, Paul and Holmes, Stephen R., *The Bible in Pastoral Practice* (Darton, Longman and Todd 2005)；亦可看本書末的參考書目部分。

第一部：基礎

2.

實踐神學作為一門學科

有關實踐神學的疑難很多。對這學科的關注日漸增多，帶來了對其本質及目的、其形式及方法的疑問。要問的是，從甚麼意義來說，實踐神學算得上是神學的一個分支呢？若是的話，它適合放在哪裏呢？

對某些人來說，實踐神學不是一門真正的神學學科。它關乎的是實踐。它的任務，是教導人在特定處境下該「怎樣」做。當中的學術研究往往欠奉「為甚麼？」或「是否？」這些批判性問題。它真的只是訓練人學習如何將已確立的信仰理念運用出來而已。因此，實踐神學並非開放式的探究，而是因應神職人員所需的專業培訓而設的教會活動。於是，從以下兩點來看，實踐神學不是神學學科：

i. 它是應用而非批判理論；
ii. 它是教會性而非學術性。

但真的是這樣嗎？本章的目的，是要將實踐神學設定在神學研究活動的範圍內。首先，這意味著要考慮神學本身的本質和目的。將實踐神學界定為一門本質上與實踐有關的科目，這做法並不完全確當。其次，既然這樣，實踐神學必須在各神學學科中有其席位：即是與聖經研究、系統神學或教會歷史並列。第三，我們需要以一種序言的方式去描述實踐神學，就是它如何雖具實踐性卻也是一門具學術性質的科目。接著便是看看實踐神學所表現出來的幾個方式。最後，筆者會簡略地嘗試澄清一些相關術語。

12 神學的本質

湯姆開始在大學安定下來。這是開學的第二週，他的課堂已一一定了下來。他享受著修習他的神學學位，他也發現同學們很容易相處。有一天，在飯堂內，於咖啡小歇時間（當然這往往會延長的），湯姆問他的一些新朋友為何來修讀神學。彼得和蘇的理由相當明確，他們是一間神學院派來的神學生，這是他們神學訓練的一部分。他們在這裏，是要學習應對現代世界所提出的議題，從而加深他們的神學理解。安琪拉有幾分認同，只是她感興趣的，是在學校教學。她估計她稍後還會修讀其他宗教的選修科。至於奈傑爾，他把讀神學看為較多是一種個人的追求。作為一個深思熟慮的基督徒，他希望自己的信仰能建立在更充分的基礎上，希望考驗自己的信仰，並弄清信仰的意涵。珀西是班中的開心果，但他也有一個學術的目的。他不再對基督教的真確性有任何把握，但很高興能有機會以批判和開放的方式去查察他的疑惑和疑問。此外，這是一個很好的課程，不作任何信仰前設，容許自由辯論。馬喬妮也沒有宗教背景，她並無真正的信仰。從前校內的宗教教育科是既有趣又好玩的，所以她認為神學會是一個跟其他人文學科同樣好的文科學位，至少在她研究她自己的文化根源的同時，她能詢問所有嚴肅的問題。

聽過這一切，湯姆開始意識到他們一直在討論的，正是史密斯博士昨天在課堂上所說的。以上這班同學所描述的，就是神學的本質和目的。最簡單的説法，神學是思考信仰。它嘗試以系統的方式去查明信仰的意義、檢驗其真確性、面對別的信仰和別的知識，例如科學或社會學，對其所造成的挑戰，以及探問基督信仰如何適應現代世界並能在其中表達自己。因此，神學源自信仰羣體，它為信仰的知性需求效力，並參與關於信仰的真確性和有效性的對話。

若是這樣，我們可將神學描繪為一四重的活動（fourfold activity）：

i. 神學是一描述性的活動（descriptive activity）：在聖經和傳統 13
的基礎上，它描述基督徒怎樣相信、仍然相信及活出他們的信仰。按此意來説，它是現象學的（phenomenological）——類近並屬於範疇更廣的宗教研究——它探索的不是真理問題，而是人文科學中的歷史及社會心理學問題。
ii. 神學是一規範性的活動（normative activity）：即是在聖經和傳統的基礎上，它設法確立基督信仰的內在意義，考察其規範及宣稱，接著根據其發現來考察教會的思想及生活。由此，神學是一項具批判性的先知行動，它呼召信仰羣體回歸其根本的委身，為其言行造成挑戰。
iii. 神學是一批判性的活動（critical activity）。它活躍於信仰的前線。對於其他學科的見解所引發的挑戰，神學會作出回應，過濾及研究。它關心真理的問題，不論是它自身的，還是其他人所秉持的真理。

iv. 神學是一護教性的活動（apologetic activity）：理解基督信仰在知性和實踐上的意涵。

安瑟倫（Anselm）對神學的經典定義，可總結以上一切觀點：信仰尋求理解（*fides quaerens intellectum*）。[1] 奧格登（Schubert Ogden）描述神學為「對基督徒的信仰見證進行具反省性的理解；而這見證，則被視為在人類的存在上，具決定性的意義」。[2]

然而，這樣對神學作出描述，引申出兩個意涵。首先，這裏存在著一種必然和根本的張力。一方面，神學源自教會，也為教會效力，儘管這是以一種批判及專門的方式來進行。這意味著，有一種對神學的自由和獨立性的內在限制。這帶出權威這主題，因為神學既是代表上帝的子民，又是為他們而有所行動的。在某些傳統，它們會比其他傳統更明顯地嵌入在教會結構之內。例如，在羅馬天主教，教導的權威，是來自教宗和主教的教誨權（*magisterium*）。神學的任務，就是提供支援和鼓勵。若神學家容讓自己的批判行動，使他們遠離正道的話，他們會受到約束；又或者，若他們所做的，被認為是越過了信仰的界線的話，他們
14 便會被撤回其代表教會的施教職權。[3] 在其他傳統，雖然這過程較不正式，卻仍然很真實。教會期望他們的公共代表維持傳統規範。當這期望似乎令人失望，便會聽到抗議的聲音，就像詹金斯（David Jenkins）擔任聖公會達勒姆教區主教（Bishop of Durham）時所發現的抗議聲音；[4] 又或者，當這期望似乎令人失望，人會感到焦慮，例如同性戀與事奉的爭論會令人感到焦慮。然而，與此同時，神學是關乎批判且公開地探索真理，不論這探索是歷史的，還是形而上學的；按此意説，神學是真正的學術科目，它

涉及大學思想市場中的學術活動和研究。否則，它對懷疑論者（sceptic）或真誠的尋問者來說，是欠缺吸引力的，並且，它在不斷變化的世界中將停止探索信仰和理解的新的可能。庫比特（Don Cupitt）可能會引起爭議，但他作為一個神學家，他有權利和義務在公開辯論中盡其所能推動他的思想。[5] 而信仰與科學之間的辯論，也必須公開進行。神學要忠於自己，便要同時秉持這兩項功能：它扎根於信仰羣體，以及它有探究的自由。若實踐神學要成為神學光譜的一部分，它既要在教會內為福音效力，又要成為對基督信仰的踐行進行批判探究時的一項資源。

第二個意涵也是從神學的本質推斷出來的，即學術與實踐之間沒有明顯的分界線。神學在服事信仰羣體時，它本質上是實踐性的。所有的神學活動，均來自與基督教故事有關的諸言眾行及體制運作，並會回饋為福音效力，成為進一步行動的資源。神學研究及其實踐意涵之間的關係，不一定是直接和明確的。然而，舉例來說，若教會要忠於聖經，新約學術的鑑別研究（critical study）是必需的；又或者，有些嚴謹哲學論證，是關乎教義的真確性和對教義作出理解的，它們能促使傳道者的講道更適切現實世界。若沒有嚴密精確的神學研究，日常的信仰生活很快便會缺乏批判的意識和知性的基礎。再說，這對實踐神學而言，必定是同樣真確的。

因此，實踐神學必須具備神學本身的特性。它也是一項描述性、規範性、批判性和護教性的活動。教會藉著實踐神學這個工具，使他們日常生活的各個方面，都得以從福音的角度被檢視，並將之與當今的需求及挑戰聯繫起來，促成對話；而這個對話，同時會塑造基督信仰的踐行和影響世界，不管這影響力何等微小。

15

科際間的實踐神學

湯姆和他的朋友最終不得不停止圍坐而談。課堂的鐘聲響起了。安琪拉問：「接下來是甚麼課呢？」得來的回應是：「新約。」奈傑爾喊叫：「糟糕了！我遺留了那文件夾在家裏。」彼得說：「是的。我的書架也排了一行行的文件夾呢。這是我惟一的方法，能將不同的科目保持得秩序井然。」

彼得的話代表著大多數神學生的感受。他們的課程如同一系列的文件夾，它們各自存放著不同科目的筆記。每個科目的範圍，似乎是活在一個幾乎密封的盒子內。科目能被分拆成如法利（Edward Farley）所說的「眾多互不相干的學科」（a plurality of specific disciplines）。[6] 這情況在研究生的層面更為糟糕，因為那時你只會專攻這某種學科，並逐漸與其他領域的同儕割裂，並分別出來成為法利所說的「學術行會」（scholarly guilds）；這些學術行會各自有它自己的專業組織和期刊。這樣的發展或許是無可避免的，每個神學學科會不斷擴充自己的文獻，並打造自己的一套術語。這正如那些在相鄰的實驗室工作、卻屬不同學科分支的核子物理學家們，他們會發現彼此難以作專業的溝通；而那些屬不同神學學科的人，也似乎各自生活在不同的星球。結果可以是，神學似乎只是將一個一個的主題隨機收集，並以一個學位課程將這些主題有氣沒力地連貫起來。這狀況留待學生來弄個明白，讓他們把所有根本不相同的部分合拼起來，變成一個有系統的整體——儘管學生經常這樣做，但那是純靠臆測的。

這個問題已吸引了大量的關注，當中不少是富創造性和有價值的。很多精力已花在試圖建立一些既連貫又有系統的課程上。不過，似乎沒有一個井井有條的解決方案。一方面，為跨科聯繫創造

機會，或設立研討會和課程以容許科際交流，都只是在已經擠迫的
課程上再加添一層。但另一方面，圍繞著一個指導性的原則或目標 16
來設計課程，例如：準備學生擔任牧職或接受按立，這樣的設計，
又可以變成對課程結構的控制，造成不必要的狹窄，或抑制批判的
自由。後者的那種進路，是一種經典的表達方式，這就是士來馬赫
以學術性的神學來培訓神職人員的正當理由。[7] 按他的方案，神學
的目的被賦予連貫性，它以理論和原始資料為基礎，從而帶出其事
工上的應用。然而，這便將神學收窄至法利所説的「神職人員範式」
（clerical paradigm），而忽略了神學其他的批判性的功能，即其獨
特的學術性功能。[8] 但試問有沒有另一個框架，能將神學在必要的
開放性中保持其連貫性呢？現在所需的框架，是既能容讓不同學科
有真正的自由，亦能為各科提出整體基礎理論，叫它們集合起來時
不失神學的本質。此外，這框架必須建基於神學，因而它的合理性
能以其自身存在為根據，而非取決於某種外來的標準；它能將神學
統合起來，就是將神學的描述性、敍事性、批判性及護教性的任務
統合起來。

這可見於基督教所宣稱的基礎。基督信仰的核心是：耶穌基督是道成肉身、被釘十架而復活的主。這被視為一切現實，以及上帝和受造世界的本質的線索。以基督為上帝的主要啟示這一信念，帶著眾多重要的意涵。基督教是歷史的信仰。時間和空間都是真實的。上帝創造我們，好讓我們能在我們受造的限制中認識祂。

在這樣的一個信仰圈子內，將神學的內在結構勾畫出來，是有可能的。或許，傳統學科畢竟並非那麼任意。而主要學科是那些建立信仰的科目：首先是建立在啟示的歷史現實中——聖經研究；其次是需要在那可稱之為基礎神學（fundamental theology）或哲學神學（philosophy theology）中所建立的信仰根據。在歷史研究中，

當中需要深思的是信仰的智慧——那是經歷過成敗順逆，也經歷
過罪中的不順服，以及藉著悔悟、恩典和果斷的成聖而養成的。當
前的需求則由系統神學及實踐神學承擔，它們分別問：「今天按基
督教方式去相信，這是甚麼意思呢？」以及「今天以基督教方式生
17 活和行事是甚麼意思？」還有終末的視野。天國仍未降臨，因此我
們要尋問：我們怎樣進入上帝的未來，而又對新事和驚喜的可能性
保持開放呢？這樣去容納批判的開放性，乃是神學所不可或缺的。
不過，這並非重複士來馬赫從基礎到結果的方案，它反而表明了
整個神學事業猶如花之花瓣——每片均有助於整體；花要盛開的
話，則不可缺少任何一片。

所以，每個科目的範疇，都是專注於自己對神學整體的貢獻。各科要靠賴他科的研究，從中借鑑，並為之效力。因此，以新約研究來探討福音的歷史根源為例，這不是單靠己力去完成的，而是根據詮釋學的歷史來研究，同時亦意識到它對教義學的重要性。同一道理，實踐神學可借助歷史神學和系統神學所提出的挑戰和見解，來理解實踐所為何事；同時，可從其經驗為聖經和教義提供新觀點。因此，實踐神學在神學事業中，可被視為是一個既適切又可充分發揮的角色，叫它成為獨特的學科。

實踐神學自身作為一門學科

實踐神學的位置和輪廓，現已開始展現。第一節強調了神學活動的描述性、規範性、批判性和護教性這四重本質。正如其他神學學科一樣，對實踐神學而言，神學的批判與探索的本質，對於它為教會和世界提供既開放又忠心的服務，甚為重要。第二節表明了這任務是跟其他類似的神學活動團結起來，以及一同並肩完成的。

在此我們要轉移一下視線，需要問：究竟實踐神學是一門甚麼類型的學科呢？任何學科通常會有三個基本特點，儘管在任何一個例子中，這個或那個特點會較為突出。

1. 科目範圍

第一，需要有一個**認可的科目範圍**。這可以是很明顯的，就如新約研究的例子。聽說曾有一位神學教授，有次他說服一位對信仰抱持懷疑態度的同儕，去聆聽新上任的新約研究教授的就職演講。演講後，這位東道主問他的朋友對此的感想。他的朋友的回覆是： 18
「他可做的太少了。」或許他有點苛刻，但他的回應帶出我們的要點：至少該科目有明確的界線。然而，這些界線絕非牢固不變的，因為它們各自都進佔其他領域，也涉及其他學問。因此，舉例來說，教會歷史的範圍是甚麼？一個相當合理的重點是：基督教的故事；但這故事也是基督信仰所在的文化中的社會歷史、經濟歷史和政治歷史的一部分，並且受它們影響。

其他學科則鬆散得多，稱為研究領域（fields of study）會更加恰當。實踐神學正是這樣。科目內容便是基督信仰羣體在世上的踐行。這可包含基督信仰臨在的各個方面：正規的體制架構和非正規的志願活動，無論是集體的或個人的；不論是在信仰羣體內進行的，還是由於教會要介入及回應那更廣闊的文化而有的。實踐神學可以結合倫理與宣教、牧養關懷與機構活動、以及教導與崇拜。因此，實踐神學較為接近地理學或教育學。這研究領域具備明確的理據，來探究基督信仰的踐行。事實上，這研究領域可被稱為：神學本身的主要領域內的一個領域。

2. 方法論

第二，一個科目必須是由**一個備受認可的方法論**所塑造的 。一個受嚴格限制的科目範圍，如新約研究，很可能會在方法的選擇上較為折中。而其他學科則主要由其方法論所定義。化學要按其程序分析所有物質；數學本質上是一個邏輯性的過程，可用於各種各樣的處境。至於神學，當中宗教的哲學被理解為：以備受認可的批判性工具來測試信仰的意義和真確性。

首先，實踐神學跟其餘的神學共同肩負描述性、規範性、批判性和護教性的任務，因此，實踐神學也借用基本的神學方法。它要求基督信仰羣體有具體的實踐：在世上的這種處境、實踐或行動，如何將福音表達出來呢？這樣做是否充分，抑或該受到質疑呢？我
19 們正從這處境中學習嗎？奉福音之名，有甚麼是在世上並為世界而該說、該做或該要求去做的呢？換言之，實踐神學對上帝的國度臨在於我們的歷史，提出問題。它要完成這任務，就需要與其他神學學科——既可充實實踐神學又可被實踐神學充實——並肩去做。

當我們在第二部以牧養週期這概念來闡述實踐神學的方法論，這將變得更為清晰。這裏提出一個簡略的例子便已足夠。當尼布爾（Reinhold Niebuhr）還是底特律的年輕牧師，因著不得不回應福特車廠的罷工事件，他本人被捲入爭議之中，他發覺他的事奉起了變化。他認識到勞動階層生活的辛酸：長時間的工作、低工資、差劣的住房、嚴苛的管理方法，以及隨之而來的絕望和屈辱。當他跟牧養的現實和社會的現實相遇，他發現他被迫以公義之名去積極參與社會經濟（socio-economic）的現實，並質疑製造這些現實的制度。只有這樣，福音才能夠被聽見。然而，這帶來個人的連鎖反應，他的講道和牧養工作必須作出改變，才得以適應他那社會福音面向的新發現。[9]這導致他成為在二十世紀三十至四十年代中最具影響力

的神學家之一。

其次，由於實踐神學的關注焦點是基督信仰的踐行，它借用了社會科學的方法，以社會科學作為其重要的合作伙伴。這都是它的基本工具，為要了解社會的現實；我們都置身在這現實中，並奉基督之名為此而服事。所有神學的學科，都會採用來自其他學科的鑑別工具。以聖經研究為例，鑑別工具是來自歷史分析鑑別法（historical analysis and criticism）及文學鑑別法（literary critical methods）；又或者以系統神學為例，那鑑別工具便是哲學。

3. 批判性和實踐性

第三，所有科目**同時是具批判性和實踐性的**。一方面，科目裏包含：對真理的追尋、發現的愉悅，以及對知識和學問的推展。這就是珠穆朗瑪峯症候羣（Everest syndrome）。人要爬上去，因為它就在那兒，而當中困難之處，便是克服來自高山本身所設置的障礙。數學家告訴我們，在他們的工作中，有一份純粹美感的喜悅，那不是依賴其實際用途的。[10] 所有的學術工作，都有其本身的內蘊價值，來作為對學術工作的支持。尋求理解，不僅可能是始於信心和以活出信心為目的，而且我們應被賦予自由去追求和表達。這種自由，是具批判的開放性的基礎。

然而，即使是最客觀公正的探究，通常都懷有目的。因此，科 20
學家從事一系列實驗，是因為它們可連繫到一個可能的應用上。以社會學家為例，他處理某問題，是由於它在社會內已具相當重要性。有些學科，例如：教育、社會工作或實踐神學，將實踐性放在最前列。

4. 信仰、實踐和社會

不過，在要求具批判的開放性與務求實用之間，是可以存在張力的。有關宗教社會學的爭論可以説明這點。宗教社會學是對社會上的宗教作社會學研究；它不理會宗教的本質或真確性，也與牧養的目的或實踐無關。它旨在為所研究的宗教狀況，提供一個客觀的描述。另一方面，宗教社會學（這用語來自法語 *sociologie réligieuse*，在羅馬天主教的圈子，這詞已帶著悠久的傳統）運用社會學的方法，將那些在牧養實踐或教會踐行上可行的選項，辨認出來。它較接近市場調查。而教會增長研究，可算是當前的例子：這種研究採用了社會學理論，為一個由神學所定的目標效力。有些社會學家會看到其中那既鮮明而絕對的區別，其他社會學家則指出沒有社會學研究是抱著純粹的利他精神來進行的。事實上，很多社會調查都是受託去做的。但同樣正確的是，有時所謂的研究工作欠缺批判的深度，這可能是由於對實踐的那份關注，將焦點過度收窄了，因而錯過了一些關鍵的因素和資料。兩者都是必要的，以致那些無可避免的偏頗，可藉著具批判的開放性來抵消。[11]

本節嘗試去描述實踐神學作為一門學科的本質，而這可借用懷特（James Whyte）的話來作恰當的總結：

> 系統神學家對信仰在語言中表達自身的方式，提出批判性的問題；實踐神學家則對信仰在實踐中表達自身的方式，以及實踐與語言之間的關係，提出批判性的問題。由於教會的生活和行動，不單涉及它的自我認識及對其信仰的理解，也與它在不斷變遷的社會中如何履行教會的職責有
> 21 關；因此實踐神學是三合一的，它關注信仰、實踐和社會現實之間的相互關係，並意識到當中的力場線（lines of

force）是雙向流動的。[12]

同一主題的不同變化

實踐神學的工作是要幫助基督信仰羣體的生活和工作，他們在世上和為世界所作的見證和服事。它跟所有神學相同，同樣是一項描述性、規範性、批判性和護教性的活動，而其主題是教會的生活與踐行，以及在人類社羣各方面去盡力活出福音。它的領域幾乎沒有限制。沒有任何的人類活動，是不適宜向神學敞開並接受神學檢視的。它的任務，就是對上帝在世界作為創造者、救贖者和保守者的臨在，作出反思。然而，這樣的議程是不可能全面進行的。可以肯定的是，只能按某特定處境的需求、期望和資源，一點一點地執行。這不是再次意味著，我們所面對的張力和指控，就如視神學為一個整體時的情況那樣嗎？這就是說，實踐神學要兼顧各種不同的特殊關注，同時需要凝聚各方，並承受指控：實踐神學其實只是將一堆關係鬆散的學科雜湊起來而已。

當格里坐在他的討論小組，這個問題在他心中縈迴著。他正出席一個實踐神學家的會議。當他環顧四周，有熟悉的臉容，也有新的面孔。在介紹的環節，他們談起他們是做甚麼的。安妮和賈森像格里般，在神學院教學，培訓神職人員。安妮曾經是社工，現教授牧養關顧，而格里和賈森都曾在貧民區的教區或堂會工作。朱利安卻在大學教授倫理學，有趣的是，這科的學生除了神學生，也有護士和社工。漢娜是一個教區職員兼輔導員，推動志願輔導服務。盧克是一個教區牧師，他在其工業處境中，致力關注貧窮問題和實際的基督徒見證。賈尼斯也從事工業宣教工作並尋求神學反思的機會；而吉姆是醫院院牧，他致力探索有關健康和人類社會的問題。

格里可以看出，各人是如何以某種方式從事實踐神學，但他很難看
22 出，這小組怎樣可以確切找到很多共同點。有些人較關心的是技巧和牧養心得，有些則是社會及其生活，而其他是神學反思，還有其他則是靈性。然而，他們在此，是由於他們認為自己都是從事實踐神學的。

因此，實踐神學會以無數的方式來呈現，而格里的討論小組只是其中的一個縮影。它的範圍由大學學系、神學院校和課程到牧養與社區關注的架構；也由教學與學術討論的工作到教區事工和特殊領域的日常工作。然而，我們可提出三個實踐神學的主要模型，這些模型跟下列事項有關：專業培育、整個上帝子民的生活和更廣泛的社會生活。

1. 專業培育

若你問實踐神學是關於甚麼，教會會眾的最普遍答案，會是「傳道人、牧師和神職人員的培訓」。這畢竟是這科目的傳統表達方式，出自「神學百科全書」。[13] 這也是最明確的定義的範圍，附帶著體制的界限、公認的活動和一致的目的。

然而，即使如此，並非萬事便一帆風順。當蘇珊進入神學院，她驚訝地發現，她的時間表有著若干離散的課題：崇拜與禮儀、講道與教育、牧養關顧與輔導、教會管理與領導、教會與社會、社區工作、佈道與宣教。這些科目並排而設，各自顯然被理解為事奉的基本向度。除了聖經和教義研究與實踐科目之間那種常見的割裂外，實踐神學本身也是割裂的。

此外，在實踐神學之內，兩種不同類型的專科之間的區別，使情況更加複雜。有些專科，如牧養關顧科，傾向倚靠人文科學及與其相關的專業模型和技能。這便帶出以下問題：如何由依賴這些資

源，進展到與其他更明顯是神學的專科對話呢？近年來，不論在主
流教會和自由派，還是在較保守的羣體——福音派和天主教——
都出現了決定性的嘗試，就是做實踐神學時恢復聖經和傳統的敞開
性。[14] 另一條實踐神學的進路，就是從神學傳統出發，繼而邁向實 23
踐。當關注的主題涉及正規和傳統的教會踐行，這進路便成為趨
勢。有時結果因過度依賴歷史先例和神學規範，對社會上和心理
上的現實的重要性，不夠敏銳。一個很好的例子，便是普世教會協
會（World Council of Churches）的重要文獻《聖洗、聖餐、聖職》
（*Baptism, Eucharist and Ministry*）。在教會尋求教義的合一上，
這份聲明可算是經典文本之一。儘管它的質素不錯，但它仍給人一
種抽象而超越時空的感覺，有時候未能覺察歷史中的人類現實。[15]
人們似乎不太承認社會處境對塑造神學理解的重要性。

另一個困擾著蘇珊的問題，是在她與安迪的交談中出現的。於安迪而言，這些課堂的重要性，是在於他所謂的「為工作而設的工具」（tools for the job）。他關心的是獲得本領和技術，使他能起勁地事奉。他以「工具」的角度，去看待所有這些培訓。另一方面，雖然蘇珊沒有輕視培訓上的技能和方法中所蘊含的真正價值，但她看到課程的價值，在於讓她有機會探索事奉的根基，以及讓她在概念和批判性的理解上奠定基礎，好使她有需要時可善加利用。這將提供一個廣泛的基礎：使她能在處境內看清她的特殊情況，並知道她在工作時該獲得哪些技能或見解。因此，無論是社會學理論的簡介，還是探索神學和其他問題的時候，她看到它們的真正價值。它們促使她思考：即使她現在於教會實習時，她也意識到一件事，就是覺察到任何特定的牧養情境中的複雜性和可能性。

帕蒂森（Stephen Pattison）所謂的「相關性的誘惑」（the seduction of relevance）[16] 是一個長期的問題。「逃入抽象洞」（flight

into abstraction）也是如此。安迪在任何時間都想知道，每一份功課是如何「相關的」，而他的意思，就是每一份功課要明顯有用並可立即使用。蘇珊所尋求的是一個機會，將她在學習上和實踐上所遇見的所有不同領域，以不減少各自的價值和重要性的情況下，編織成一幅相互連結的圖案，好叫她自己，既在個人的層面，又在受訓為傳道人的層面，都能得以成長。這的確是在各項任務中最困難
24 的，也沒有任何方法能保證這必然發生。但這是實踐神學作為專業培育的過程的首要任務；這任務是要不斷接受評估及再確立。

2. 上帝全民的生活

在教會生活，其中一個近期的重要發展，就是重新發現平信徒乃上帝的子民。而羅馬天主教最能生動地將此展現出來，這也是梵蒂岡第二次會議（1965～1968 年）的成果之一。[17] 當中所強調的，就是朝聖的子民（pilgrim people）這概念，他們過著共同的見證生活和服事生活，其焦點在聖餐中的團契。這概念更新了對事奉的想法。在聖禮事奉以外，有許多不同的事奉，有正式的和非正式的。實際上，所有已受洗者，皆把個人、家庭、工作和社區生活，委身予在世界為基督的臨在作見證這基本的事奉。[18] 這是普世教會協會的一個早期關注，體現於所謂的平信徒運動上；而較近期的靈恩運動，強調的是基督身體的多元恩賜，也重新發現這同一個主題。[19]

這個重點帶來眾多的影響。首先，學習神學的興趣蔓延。神學與宗教研究吸引愈來愈多的學生，而夜校和其他兼讀課程和設施似乎也蓬勃起來。第二，然而，相應增加的，是對實踐神學的興趣。在較正規的一端，愈來愈多神學院會招收那些不打算接受聖職的學生，他們正尋求在其他領域的服事，或希望為神學訓練本身而學習。這描述同樣適用於兼讀課程；兼讀課程最初是為了裝備神學生

而設，但現已擴闊其收生範圍。[20] 第三個模式以多種形式冒起，或可稱之為「神學反思」課程。明顯的例子便是日益普及的碩士課程，它們提供機會，讓信徒在事奉和其他經驗的處境下研究神學主題和議題。同樣的機會，也可從較短期的課程或較鬆散的小組研習中獲得。[21]

這樣的發展，將神學教育的概念頗為擴充了，但也引發了嚴重的危機。在「DIY 宗教」變得相當普遍而傳統權威變得式微的處境 25
下，加上神學教育日漸分散，這便出現了一種趨勢，就是許多所謂的神學是以缺乏資訊，並以浪漫而富實驗色彩的模型來運作，這種趨勢，將神學教育變得有點幼稚甚或危險。後現代式的多元主義（post-modernist pluralism）和新紀元式的神祕主義（New Age mysticism）或許認為，我們各人可根據自己的圖樣來編織自己的靈性。因此，這說明了關顧和判斷是有需要的。

3. 更廣泛的社會

實踐神學以其現代的表達形式，已經向著另一個方向擴展。基督教為世界的本質和人類的生活，作出了普遍真理的宣稱。因此，從個人行為到政治經濟，由藝術創作到科學技術，它對我們的存在的各個層面總是有所關注。傳統上，這在神學光譜內的基督教倫理學的研究中表現出來。而以當前討論為背景，關於這門學科跟實踐神學的關係，有兩點是需要提出來的。首先，要注意傳統的研究範圍往往擴大了並跟其他興趣範圍——特別是專業——結盟。所以，舉例來說，它跟其他護理專業分享共同的基礎，並提供專業倫理的共同課程。神學生可能會跟護士、醫生或社工一同上課。又或者講師可能會向幾個相異卻類似的組別教授課程。再者，在神學家、哲學家、科學家和經濟學家之間，可能找到對生態學、科技或科學探索的本質的關注的連繫方法。

其次，對國家和地方的社會關注，已在教會的議程中佔了相當大的比例。透過如社會責任委員會（Boards of Social Responsibility）這種的組織，或如《都市信仰》（*Faith in the City*）這種的全國性報告，可促進這種社會關注。[22] 還有其他各式各樣的組織關注不同範疇的事工，例如工業、貧窮問題或種族關係。這激發起神學的辯論和挑戰基督信仰羣體認真承擔責任。因此，可見教會參與在人類生活的各個方面，即使方式往往是象徵性的。在以信仰來理解世界與把信仰化成行動之間，實踐神學處於其中的前線。

26 名稱內有甚麼？

實踐神學能以眾多的面貌出現，被賦予眾多的名稱，這必定已經很明顯了。至於不同的術語是否當作同義詞來運用，抑或是用來表明細微卻真實的差異，卻不總是那麼清晰易明。因此，學生或會找到一個課程稱為實踐神學（practical theology）、牧養神學（pastoral theology）或者牧職研究（ministerial studies）。這重要嗎？需要花氣力去規範用詞嗎？現在的狀況，正反映過去萬花筒式的變遷，這並非邏輯結論，而是歷史的產物。

在蘇格蘭，院校多屬改革宗傳統，早已有實踐神學系。但令人惋惜的是，因近期削減教育經費，學系有時會與教義系及/或歷史系合併，成為聯合學系。雖然本科在傳統上跟牧職培訓連繫在一起，但現在一般會按以上所指那更廣義的意思來理解。牧職培訓是這領域的其中一種，往往有它自定的資格，如牧職文憑（Diploma in Ministry），而其課程範圍不屬於一般的神學學位課程。在英格蘭和威爾斯，實踐神學幾乎聞所未聞，直到二十世紀六十年代才以牧養研究（pastoral studies）之名走進大學。用這名目是審慎的嘗試，是用來展示其與護理專業的關聯，並暗示其跨學科性質而不將神學置身於特權的位置。然而，當教會宗派，特別英國聖公會，在牧職培訓中引進更高的專業要求，尤其是牧養關顧，這也被稱為牧養研究。在這事例中，他們是想將牧養錦囊（pastoralia；或提示和要訣），從牧養神學（對事奉的看法）區分出來。而牧養研究也可指整體的牧職活動，因包涵更廣。與此同時，「牧養」這詞也為世俗的個人關懷所用，正如學校和大學所制定的。在英格蘭和威爾斯的神學教育，現有引進「實踐神學」一詞的迹象。這不單跟蘇格蘭的用法一致，更是符合一個較廣泛的傳統，以及將之與當前北美對這專科的形式、內容和方法的辯論拉上關係。

因此，這是沒有清晰用法的。同樣的術語可用於不同的事物；
而類似的事物被賦予不同的名稱。不過，縱使未必能形成規範，但 27
總能辨別出這是規律之類的東西，是有用的實務指引。

i. **實踐神學**：指整個領域，是一個基本的神學學科，跟聖經研究、教會歷史，系統神學和基礎神學並列。
ii. **牧養研究**：適用於表明（1）跨科際的反思活動，特別是某些大學課程，通常是神學和牧養實踐與社會科學的關係；及（2）支援牧者職事的牧養關顧研究；以及（3）比較罕見的，支援所有牧職活動的研究。
iii. **牧養神學**：是（1）牧職研究；或（2）牧養事奉的神學基礎，這涉及整體上帝子民所關注的事，因此，這是牧養研究或專業牧職研究的更廣闊的範圍的一部分。
iv. **牧職研究**：不言自明，通常是牧養神學的一部分。
v. **牧養錦囊**：現已過時，是一個對牧職實踐中的基本要點的基礎入門。

vi. 因此，**牧養**一詞，一般用得上的情況是：當重點在（1）牧者職事；或（2）個人的關顧——有時是以世俗的方式來呈現的。[23]

註釋

1. 安瑟倫（坎特伯雷大主教〔Archbishop of Canterbury〕，1093～1109年）。見 Barth, K., *Anselm-Fides Quaerens Intellectum*, tr. Robertson, I.W. (SCM 1960)。
2. Ogden, Schubert, *On Theology* (Harper & Row 1986), p.i.
3. 近年出現了幾樁事件，而經典案例仍然是龔漢斯（Hans Küng）和波夫（Leonardo Boff）。
4. 見 Jenkins, David and Rebecca, *Free to Believe* (BBC Books 1991)。
5. 關於庫比特的思想簡介，見 Cowdwell, Scott, *Atheist Priest?* (SCM 1988)。關於科學與宗教，見 McGrath, A.E., *Science and Religion — An Introduction* (Blackwell 1999)；Polkinghorne, J., *Belief in God in an Age of Science* (Yale 1998) 及 *Science and Theology* (Fortress 1998)。
6. Farley, Edward, *Theologia* (Fortress 1983), p.4.
7. Schleiermacher, F., *A Brief Outline on the Study of Theology*, tr. Tice, T. (John Knox 1966).
8. Farley, *Theologia*, p. 85.
9. 見 Darkin, Kenneth, *Reinhold Niebuhr* (Chapman 1989)。
10. 見 Coulson, C.A., *Science and Christian Belief* (Fontana 1961)。
11. Ballard, Paul H., *The Foundation of Pastoral Studies and Practical Theology* (University College, Cardiff 1986), p.92。見 Gill, Robin, *The Social Context of Theology* (Mowbray 1975), p.24。Ven, Johannes van der, *Practical Theology* (Kok Pharos 1992) 乃宗教社會學的當代範例。
12. Whyte, James, in Campbell, Alastair, *A Dictionary of Pastoral Care* (SPCK

1987), p.213.

13. 見 Farley, *Theologia* (Fortress 1983), pp.56 ～ 66。
14. 見 Campbell, Alastair, *Rediscovering Pastoral Care* (Darton, Longman and Todd 1981)；Pattison, Stephen, *A Critique of Pastoral Care* (SCM 2000)。此書為這領域提供上佳的概覽，並附以書目註解。Ballard, Paul and Holmes, Stephen R. *The Bible in Pastoral Practice* (Darton, Longman and Todd 2005)。
15. *Baptism, Eucharist and Ministry* (WCC 1982).
16. Pattison, *A Critique of Pastoral Care* (SCM 2000), p.80.
17. *Vatican Council II — The Conciliar and Post-conciliar Documents* (Fowler Wright 1981), ed. Flannery, Austin: *Limen Gentium*.
18. 見 Davey, Theodore, in Ballard, Paul H., *The Foundation of Pastoral Studies and Practical Theology* (University College, Cardiff 1986), pp.19 ～ 25。
19. 關於二十世紀五十年代的平信徒運動，見 Bliss, Kathleen, *We the People* (SCM 1963)；而靈恩運動則見 *We believe in the Holy Spirit* (Church House Publishing 1991)。更多近期的討論有：Etchells, Ruth, *Set My People Free* (Fount 1995)；Lakeland, Paul, *The Liberation of the Laity* (Continuum 2003)。
20. 見 Vaughan, Patrick H., *Training for Diversity of Ministry* (University of Nottingham 1983)。
21. 這樣的課程，不論是學士學位課程，還是碩士學位課程，自一九九三年大學的管制放寬後，兩者都大大擴展（幾乎是令人震驚的）。勢頭之一，便是在「傳統特定」的學院裏，保守派神學捲土重來。見 Ballard, Paul, *Practical Theology, Proliferation and Performance* (RELIG, Cardiff University, 2001)。
22. *Faith in the City* (Church House Publications 1985). *Faith in the Countryside* (Churchman 1990).
23. 見 Ballard, *Foundations*, pp.146 ～ 150。

3.

實踐神學家

實踐神學的本質和形式，已漸漸呈現為一門神學科目了。它著眼於整體上帝子民多采多姿的見證生活和服事生活，就是當他們在世界活著、與世界同活、為世界而活之時。它在我們存在的具體現實中，尋問有關基督信仰的理解、洞見和順服的問題。因此，它是一項描述性、規範性、批判性及護教性的神學活動，以其反省的任務服事教會和世界。而實踐神學，既是一系列涉及教會在世生活的不同方面的具體活動，也是神學活動的一個主要模型，就是將所有神學植根於其實存的責任上。它擁有其自身的任務，並同時代表著全體。這往往是啟發人心的，然而，如此抽象而概要的描述正詢問實踐神學如何在實踐中運作。人如何看待自己實際的職責，比任何工作說明，更能告訴我們關於任務的性質。所以本章會從實踐者的經驗切入，來進一步探討實踐神學的本質。但誰是實踐神學家呢？任務的形式是怎樣的呢？往往作為核心真相的隱藏議程是甚麼？

查爾斯在聖烏爾里希（St Ulric's）擔任牧養研究主任已三年了。

他剛受邀到他本地聖公會教區的聖職人員學校演講，主題是「神學
新知」（Updating on Theology），而他受邀負責實踐神學的時段。
他感到這是完美的契機，來反省過往三年他所遭遇的事情。他學會
了甚麼？關於他的任務，他目前想談的是甚麼？查爾斯承認，自從
30 他來到聖烏爾里希，他確實變了很多；儘管他可看到很多他現在視
為理所當然的東西，這些東西早就在他擔任教區牧師甚至從別處的
經驗中，已植根下來了。他近日的一些思緒，是一種回歸，是對早
期基礎的再發現和再造。

因此，或許查爾斯處理目前差事的進路，應是帶幾分傳記式的；這更是他的演講的核心。他想從中提及，雖然實踐神學家在基督信仰羣體的生活秩序中有著具體的任務和專業的知識，但對實踐神學家更真實的理解，就是將實踐神學家看為一個焦點人員（focal person），這焦點人員能促進神學反思，這才是實踐神學的核心。他要使聽者了解這個核心，擴闊他們的理解，讓他們明白誰涉及其中將會是非常有用的：尤其是許多會議參與者，將會涉及安排學生們的就職和實習工場。這樣，查爾斯安頓下來，放好記事本，並開始記下他的個人朝聖之旅和擬定他的演講內容。

同儕之中的實踐神學家

查爾斯回想起，在他之前的牧區的告別晚宴上，其中一位教會執事給他和他的家人的一句話。他說：「好吧！」「你將朝往更高之處了。」平信徒普遍認為走進大學和學院的世界，就是掌握真正的神學和更直接處理問題的核心。某程度上，查爾斯也有同樣的期望，也同意這是一種提升的方式。而且令人興奮刺激的是，可以跟各個領域的專家共事和參與討論，並可藉此拓闊自己的思維。

然而，他現在要強調的是：那不是一個更重要或更次等的活動範圍，而是一個不同的活動範圍，當中有它的要求和標準。神學組織可以是非常專門的，但它們只是上帝子民的複雜生活中的一部分而已（即使是必要的和重要的）。而神學組織（其形式和專長各異）的個別任務有其自身的輪廓和目的。查爾斯發現自己其實正身處在兩個這樣的組織之中：大學和學院。在大學內，他是相對邊緣的。
雖然他有時會教授宗教心理學科，但他本科的科目連開授的機會也 31
沒有。在學院內，他有明確的培訓角色。儘管這兩個組織之間存在張力，兩者同樣都是重要的。

大學強烈代表著學術自由的需要，為知識本身而追求知識的能力，不受實際期望或預設的正統教義所約束。身為實踐神學家的查爾斯再次受到啟導，他發現接受新觀點和新見解的挑戰的重要性，正如他在久遠的學生時代所發現的。他一直認為，高標準和誠實是需要的。按他自己在牧養輔導中所有的專業技能，他已察覺到，他需要有一個廣泛而深思熟慮的理論基礎。因此，他對有機會參加研討會並聽取客座講師的講解，感到榮幸。

邁克爾．泰勒（Michael Taylor）提出非常類似的觀點：

> 我目前只想做的是記錄我自己的經驗，以大學教職員之身分，成為神學事業的伙伴；這事業於我來說，是在上帝子民的神學工作中達到恰當的實現。我欣賞這種伙伴關係的三個面向，但願這並非缺乏批判之見。首先，大學不斷提醒我，若干的學術嚴謹是需要的⋯⋯其次，大學可能在追求某些學問時，是為了學問本身，或是不為任何人的緣故，當然並不總是為了人的緣故，但我仍能從中受益，而在某程度上我是寄生其中⋯⋯第三，大學⋯⋯要履行其

> 責任，便要有點不負責任，製作一些教會可能會認為不是最相關的材料，從而以獨立的視角猛擊其觀點。[1]

這種批判的自由，是神學的必要部分，因此，這是實踐神學家的視角中一個不可或缺的向度。實踐神學家在任何場景都要求有真正的批判性，這難免會被捲入即時的期望和壓力之中。不負責任的批判性抽離——象牙塔症候羣（ivory tower syndrome）——比起沒有用處更加糟糕，然而，不假思索不加批判的行動主義也是一樣。神學的辨識需兼備委身及視角。

對查爾斯而言，聖烏爾里希代表方程式的另一半。查爾斯的任
32 命是由學院的校董會所定，但他必須得到主教的批准來承擔具認可的事奉。該學院是為了培訓傳道人而成立的（雖然現已包括傳統聖職以外的其他事工）。前來的學生都是忠誠委身和滿懷期待的，他們盼望學院所設計的課程，能裝備他們面對未來的人生。一些會使用學院的機構（特別是教會），它們會設下一定的要求和為課程作出驗證。查爾斯身為實踐神學家，他要比其他同儕更加密切配合這些要求。他的責任，就是要確保學生能在實踐的範圍內，並為他們提供相關的基礎。在所有的神學專科中，實踐神學是以需求來主導的。

若理解得正確，這也不算不恰當；神學，尤其是實踐神學，在此是要為教會的服事，於其生活中作見證和服事。在同一時間，向信仰羣體作出回應和滿足信仰羣體的需求，這就是神學辯證的一部分。因此，實踐神學家在全國、區域、本土的層次上從事有關的實踐，跟其他在世參與上帝的國度的服事者合作，這種做法是恰當的。對查爾斯而言，這意味著要成為本地教會的一分子，偶爾要擔任職務。而他也是一個本地合一運動計劃小組的成員、一個輔導

服務的顧問，並且參與一個全國工作小組，他不時要前往倫敦和別處。然而，要維持這辯證的兩極，是毫不容易的：既接受權威而仍享有自由，也對教會的福音盡忠而仍具備尋問挑戰的本領。但這正正是神學內的張力，這張力的典範，可在那位既委身又開放、既忠心又具批判思考的實踐神學家身上發現得到。

神學教育的正常體制又是另一項需求。每當談話不久，查爾斯都無可避免被問及：「你教授甚麼？」因為人其中一個估計是，神學家是在不同的領域工作並各有專長的。在某層面上，查爾斯是沒有問題的。根據推測，他之所以被任命，除了考慮到他的牧會經驗之外，他曾受輔導訓練並在之前的牧區設立了輔導中心，這也是原因之一。牧養關懷和輔導技巧的基本知識，配以對人類社教化（socialization）過程及人際關係的適當了解，長期以來都被視為事奉的基本要求。因此，他是這方面的指定專家，他跟講授教會與社 33
會及社區工作的瑪格麗特並肩工作，並跟其他人共同處理一些的課題：從禮儀到管理、從佈道到教育。而在當地組成的數個神學培訓中心，查爾斯也在當中提供有關牧養關顧的課程。

然而，在另一個層面上，這裏包含著一個重大問題。有一個慣常的投訴，就是神學課程的大綱可完全割裂成一系列的專科。而對實踐神學而言，這可是個雙重的問題。這不但因為專家們本應專注在其專長上，也因為實踐神學似乎遠離了神學關注的中心。這實在有違實踐神學作為神學活動的根本性質。實踐神學的主要任務，恰恰是要把整個神學事業聚焦在信仰羣體的需求、盼望、恐懼和實際做法上，以致信仰羣體在世的生活可以忠於福音，適切時代。實踐神學家不但要認識教會和按世界之所是來了解它，也要站在教會和世界的關注的相會處，就是相會於創造性的交鋒中，探索對福音的領悟。也就是說，實踐神學家的主要任務是促進神學反思。這驅使神學事業中不同元素的關注、見解和挑戰，能充實當下的具體現實，又為這現實所充實。

因此，回答「你教授甚麼？」這個問題，實踐神學家的確沒有特定的技能。實踐神學家有的只是一項任務（盡可能開放的），就是同時包容神學和當下的現實。也許對這要求明確答案的世界來說，這項任務可說是無形不穩的，完全依賴他人來加入和參與。這任務或許看來是毫無實質內容或缺乏支援，以致可將它視作不存在並因而推卻掉。這比當一位「萬能博士」更加糟糕，因為實踐神學家試圖讓其他人越界來聽取陌生的聲音。他必須成為推動者、中間人，嘗試創造出一種神學思考和行動的文化。[2]

查爾斯發現，要發展一個優良的神學反思計劃是工作中最艱難的部分之一。漸漸透過反覆的試驗和錯誤，他學會認真對待每個情
34 況，亦已經開始建立起一個傳統和一份期望。圓滑善辯的陳腔濫調已不再足夠了。神學反思所要求的嚴謹度可跟其他神學研究媲美。此外，他已經開始找一些樂於為這任務付出時間和精力的盟友。他特別想起朱迪思來。在某個研討會分享過後，她表示她樂於這樣做，因為她在女性主義神學和解放神學方面的專業知識，在大學的場景下容易變成一項描述性的抽象活動。不過，在這裏，就是在一個實踐神學的研討會裏，她能以更直接的方式，令神學參與在人類的生活經驗當中。

此外，還有比爾。他教授教會歷史和禮儀，而近日他試圖將崇拜、牧養關顧和教會發展整合起來，且熱中於其中。正如通常的情況，比爾常常從教義和傳統的一端來切入崇拜的議題。他正確地主張，崇拜應高舉信仰，而非追求那些興之所至或心血來潮的反應。眼前的需要可在既定的禮儀框架中找到其位置。另一方面，牧養關顧則往往從另一端，從即時的處境出發。但隨著時間的流逝，比爾

逐漸清楚兩者是彼此需要的；當崇拜的關注和牧養的關注兩者彼此充實，那麼在理解上和實踐上的擴展，就能得著美好的果效。

此外，還有另一羣跟查爾斯密切合作的人，他們來自其他學科或專業，尤其是護理專業，這羣人經常或偶爾對實踐神學的工作有建樹。有這麼多不同的人願意付出他們的時間和和專業知識，總是令人感到驚訝和欣慰的。然而，這裏有兩方面的憂慮。

第一方面，可從查爾斯跟一位社工系的講師的一段令人不安的談話來表明。對她而言，擔任教會牧職的神職人員，是社會工作者的某種業餘盟友而已。因此，她建議她的學系應提供全面的專業技能培訓，去裝備神學生——無論是男還是女——使他們能完成其任務。宗教元素純屬偶然。這樣的事件並非孤立的。查爾斯想起了他第一個牧區那位傑出的全科醫生，在這位醫生的照顧下，查爾斯成為年輕牧者並受其引導進入家庭治療的領域。查爾斯還發現了一連串恆常的要求，不論是要將某些特別技能納入培訓之中，還是要求經已過度緊迫的教牧課程回應某一特定需要。單單這個學期，便 35
有不同的人來接觸他，他們來自青年工作、喪親輔導、環保工作、債務管理、愛滋病關懷及保護受虐兒童的機構，還有一些人，對回應政府新法例的規定有著更多的要求。在某次審議這些要求之一的會議中，查爾斯聽到有同儕抱怨道：「排隊罷！」當時他感到相當有趣。

這份招募神職人員和神學生的熱情，部分是出於那些遭受逼迫的機構和宣教團體，他們欲從志願人員中招募盟友；教會及其傳道同工，根據定義，他們是積極從事社區服務的。而另一部分是來自專業化的壓力，從事護理專業的組織要求資格和培訓。這明顯是挑戰教牧事工的那種業餘性的。各機構希望能協助提升教牧的能力，但這也可能叫他們產生一絲絲被邊緣化的內疚感。因此，有一股壓力，要教牧進入這個似乎是備受認可的機構和專業技能的安全領域。對某些神職人員來説，這意味著他們要離開事奉而進入這個或那個特殊服務，或是要將事奉變成特殊服務，就如牧養關顧或社區工作那樣。

查爾斯無意輕看那些從其他護理專業領域的學習中所發現的價值，但或許那總不該等同於這個或那個角色才是神職人員的主要角色。反之，重要的是，要成為有如費伯（Hije Faber）的逗樂小丑或宮廷弄臣，要自由自在得幾乎不負責任，要穿越既定的界限，要發出具挑戰性的問題，要在沒有聯繫之處建立聯繫。[3] 工業宣教的貢獻之一，便是在工會和管理層雙方面前，院牧堅持以客人身分受邀進入工廠。重要的是，這院牧不可站到任何一方，他們要奮勇前進，便需依賴他人對他那份日益的接納，他們要以效忠上帝的國度來界定其角色。[4]

當業餘者實在不易。業餘者在最佳狀態時，技巧超羣，見多識廣，並以最高的能力水平來工作。但他們並沒有欠了任何人，他們可以不順應既定的形式，自由自在地工作。實踐神學家的部分功能，可能正是協助我們抗拒專業化的誘惑，並堅持以較無形卻更高
36 的優先次序為中心。在整個當代社會的場景下，福音力求使全人投入上帝國度的服事。過度的專業化可能會縮窄責任範圍，並只能觸及個人現實的一部分而已。這些限制也該著手處理和克服。

還有更深層的一點。來自其他護理專業所提供的見解、技能和目的，也伴隨著一個包袱，那就是對人性和人的價值的那些往往未經申報的假設。舉例來説，貝拉米（Peter Bellamy）在牧養上運用時下的輔導理論和做法時，表現得非常謹慎：

> 實存人文主義（existential humanism）的幾方面支撐著這個

> 系統（即人文主義的心理學），從而產生了神學問題。在基督教處境中的一個輔導基礎是，很多人文主義的心理學是不能接受的。它與基本的基督信仰和做法是敵對的。[5]

我們實在太容易就接納整套理論和實踐的方案，卻缺乏任何真正的神學批判。這裏難免有張力。這是實踐神學中現時常常辯論之事。因此，實踐神學家捲入了一個對話的過程：在新知識和更好的做法的光照下，對世界和福音的發現會更多，同時也將相關的傳統智慧和信仰見解帶到所有的情境之中。這是一個雙向的過程，儘管基督教羣體似乎總是處於防守狀態。小丑的特權，就是將那無法想像的想出來，並將它講出來。查爾斯想起兩句話，心感愉快。一句是來自他自己的學生時代，某著名經濟學家宣稱：「我一直有閱讀基督徒作品，因為他們看到事物的全體。」另一句是來自別系的講師，她說她總是喜歡教授神學家：「他們總是讓你保持警覺。他們會提問不尋常卻根本的問題，使人回到首要的原則。」查爾斯覺得，這些就是給神學家的隱藏獎賞。或許，對於在這領域事奉而感到被邊緣化和沮喪的同儕來說，這也是叫人鼓舞的信息。

學生與牧者 37

我們可以從以上的方案，開始為實踐神學家勾勒輪廓。一方面，要有一個可辨認的架構。某項工作的形式，是取決於情境而生的期望和要求。對查爾斯來說，這便是在他的牧養關顧的專業範疇內，為同儕團隊提供事奉所需的必要培訓。這包括安排不同的學習體驗，從講座和研討會到實習，它們在較寬廣的神學課程中共同構成了培訓方案。

另一方面，有一個較鬆散、較抽象的層面，是難以界定的，卻實際上構成了實踐神學家的任務核心。而這一點正是明確的神學任務所在：將福音鮮活的真實性、教會和世界的問題和經驗、教會和世界目前的存在狀態放在一起，從而進行神學反思。因此，實踐神學家跟其他神學學科並肩而行時，是為一首要的神學功能作樞紐和見證，且將整個神學事業匯集起來，並指出方向：即裝備神的家在服事祂的受造物時，更了解自己作為見證人的角色，也就是見證在基督裏所發現的上帝。實踐神學家致力成為跨越鴻溝的橋梁、刺激改變和更新的催化劑、允許他人承擔責任的推動者、為社區共同學習的學生揭示世界的教育家。[6] 當然會有預設的場合和有規劃的方法，來促進這個神學反思的過程，但它本質上，是一個共同生活的持續過程。它始終身處於暴露脆弱的位置；除了在行動中學到的智慧和技巧之外，神學反思的過程看上去是欠缺地位和內容的。從本質上說，實踐神學家是為了上帝的子民，並伴隨他們走上朝聖之路。

查爾斯知道，就某種特別的意義來說，他已走了圓滿的一環。因為他經已有所體會，來到聖烏爾里希，他只是從一個事工變換到另一個事工而已。新的事工可能架構大大不同，同儕們都從事其他類型的活動。然而，跟他的牧區一樣，在聖烏爾里希，他分享著社羣的信仰生活，各人在共同的任務中各有其崗位。身為實踐神學家
38 的一員，他不單要負起其特定的職務，也要為著學院的生活和每當具挑戰的情況出現時，承擔起說出福音之言的任務。

這表現於兩個顯著的形式。在同儕方面，無論是資歷深的和資歷淺的，整個社羣只要共同生活，便可共同面對問題。於此，查爾斯認識並欣然接受他只不過是羣體之一員，而正式的領導是在於院長。不過，他認識到一點，他自己的崗位必然包括要對學院的靈性發展，作出合理的貢獻。因此，他清楚看到教職員學生休息室委員

會的價值，而且樂於鼓勵羣體生活的各層面，並預留時間進行牧養交談。

更加正式來說，在他的工作和他的團隊的學生工作中，他身為實踐神學家的角色，是尤其重要的。首先，他所行的，讓人看到在牧職中的實踐神學家的模樣。所有實習考察、課堂學習及技能掌握——不單實踐神學科的，也包括來自其他神學科目和人文科學課的——全都為了促使學生對神學反思的過程更熟悉和更有信心。不論是小組，抑或是個人的場景，事奉的核心是使他人在信仰的朝聖路上走得更加順當。要執行這些在事奉上的特殊任務，所需的所有必要技術資源，從釋經到管理，全都可在上帝的子民中找到，故此他們在一起生活的時候，可以活得更忠心、更順服。

與此同時，事奉裝備的核心，只能真正在於探索自己的路徑，藉著參與活潑的信仰羣體而在福音中成長。這主要是透過培訓的正規過程，並在這過程中發生，因為在反省牧養個案或討論社會或信仰的議題時，人不可能不受影響。雖然如此，實踐神學家也必須在正擴展的靈性體驗中，有自我覺醒和個人成長的機會。這來自羣體的操練和崇拜，以及個人接觸點，不論是正式的如導修課或祈禱小組，或者是非正式的如喝咖啡時間或為著這個或那個議題而苦惱的那幾個小時。

而在這點上，現在應當清楚知道，身為一個實踐神學家，不僅
僅是受委派到指定的職位或依從正規的學術要求，而是處身於事奉 39
的核心。羣體內的牧者，置身會眾之中並與之相伴，或是處身於類近的場景，才是真正的實踐神學家。於實踐神學而言，它正正從以下這一點發現其應有的功能：從上帝的子民身上，尋求辨識上帝在世上的臨在，並忠心順服而活。受按立的牧者，正是此任務的象徵性代表。在基督信仰羣體裏，他或她促使信眾一起和個別地敞開自

己，迎向他們在基督裏的召命：在聖言和聖禮中、在牧養關顧和不定期的事工之間、以及同樣重要的小組討論時、在服事的行動中、在共同的體驗和親切的交談中。除此之外，在更廣大的羣體中，牧者透過當地的社會結構及其公共關係，藉其言行必然代表著基督徒的在場。

這點由德格魯齊（John de Gruchy）有力地表達出來：

> 牧者在牧養上和先知上之責任，即「醫治靈魂」（cure of souls）及宣告上帝之言，是源自促使人在耶穌基督裏認識、信靠並順服上帝的召命。這需要將基督信仰跟當代處境關連起來，而這個溝通任務，最好以實踐神學來稱之。以牧者作為實踐神學家的典範，超越了歷史的區分（無論稱之為牧師還是傳道）。這些獨特的側重點仍繼續存在，而祭司和先知尋著他們的羣體，為投入世上宣教使命的信仰羣體提供方向。[7]

因此，在這裏，人們期望牧者的指定任務，或許會在某方面賦予牧養事工輪廓與內涵，就如在崇拜、行政、牧養關顧和社區行動等領域上。然而，這些斷不能理解為惟一的特點、一個人身分的核心。它們是服事整個基督的身體，好使羣體的各個部分可真正成為一個聖言與聖禮的標記，一個遵從上帝國度的召命來作見證和服事的標記。牧者的職位常常是有代表性的：它是一個記號和標記，將對全體來說是真確的東西表現出來。似乎對查爾斯來說，若他有一件事要在會議上跟同儕們談及的，那必然就是這個了。

那麼實踐神學家有甚麼記號呢？首先，或許實踐神學家能帶來最大的禮物，便是使大家對傳統智慧有更深的覺察。這是在培訓時所有學術研習的重心所在（不論成功與否）：能助人運用聖經、增進理解並向更大的可能性開放。按照傳統神學的說法，牧者在本土處境下代表著那更廣大的教會。然而，這不僅是指導，也是參與在本土傳統的現實中，雖是踉踉蹌蹌，卻仍存創意，要摸索出其信仰和理解所在。因為牧者和其他人一樣，也在那更廣大的教會的議會中，代表著本土的和偶發的現實。

其次，牧者是基督徒的代表。這有雙重意思：身為教會的關注在公共場所的臨在，不論是在學校的校董會，還是在醫院的病榻旁；身為公共的門徒，生活親近主，作祂臨在的中介。如此的召命，可叫人無法忍受，卻不能逃避。近年出現了一個有趣的主題，就是強調事奉乃同在。牧者體現出相信另類異象的現實的可能性，而這異象是信仰所倡議的：有人從世界的瘋狂壓力中解脫出來，以另一個調子，按不同的拍子來生活。霍姆斯（Urban Holmes）指出同樣的關注，他認為牧者是某種巫醫（shaman）或聖人，能為周遭人士帶來對上帝同在的期待。[8] 這不應被視為單單是個負擔、是有待承受的重量——隨著別人的期望而劇增。事實上，這是發現福音的形式：在我們所置身的處境下，處理各自的現實，藉此在其中尋著寬恕和恩典、更新和忍耐、支持和鼓勵、失敗和成功，所有這些都是基督徒順服的內容。牧者的那份崇高召命的榮耀，是親身有分於追求基督的豐盛，那是整個教會的命運。

第三，牧者常在桌前作主持。這在聖餐中更顯而易見，但主的餐桌絕不能跟別的共饍分開，就如收穫節晚餐（Harvest Supper）或教會議會（Church Council）所圍坐的會議桌。整個羣體聚集在各處，分享著共同的生活，帶來所有的恩賜、機會和需要，以便大家在聖靈裏，可一起並按著各自所蒙的召，在世上服事基督。這是創造共同生活的任務。德格魯齊再次指出這點：

41 > 真正的神學任務是……促使信仰羣體批判地理解信仰並回答這些問題：上帝是誰？今天在哪裏可以找到上帝，以及上帝在此時此地對我們有何要求？學術界的神學家可能為解答這些問題提供資源。而信仰羣體中的實踐神學家必須日復日、週復週去幫助羣體，好使他們發現那些跟教會在世上的踐行和見證相關的答案；實踐神學家協助羣體尋找方向，好使教會忠於其任務。[9]

上帝的全體子民

查爾斯想著，提綱有三點便夠，那將會是可行的。但我們該走得更遠。身為一個實踐神學家，牧者代表整個羣體從事某一事奉。在其中有特殊的任務和責任，但基本上這是上帝全體子民的事奉。因此也可以這樣說，實踐神學的實踐是對基督身體裏的每個成員的呼召。

首先，察驗、反省和委身的過程，是根深柢固於，並能呈現在會眾的教會生活中。這是集體活動，是將自己交織於羣體的生活傳統內——以無數的方式來表達，也以審慎而正規的共同計劃來表達。查爾斯以喜悦的心情去回想多次的交談，從中帶出真正的智慧。崇拜、團契、反思和協商的聚集是神學反省的脈搏。其次，會有某些人，身處教會架構之內或之外，他們在從事一項事工，並藉著自己的技能、經驗和智慧參與實踐神學的過程。查爾斯再次想起他所認識的人，無論他們是在羣體中的，還是在教會內的，他們顯然是整個服事和見證過程的一分子。這些人與牧者並排，是不可或缺的。實踐神學是一種共同分享的活動，其中的洞見和異象來自眾多來源。當中並沒有任何智慧和靈性洞見的壟斷。其三，也是最重

要的，畢竟，所有基督徒在其日常生活中都從事實踐神學，因為各
人必須按其實際情況和生活的要求，去過門徒的生活。嚴格來説，
無可否認，這是很個人的。因此，崇拜和反思的團契、一對一或者 42
小組的牧養關顧，都是教會在家中、在工作場所內、在街上或在休
閒活動中的基礎。在各種情況的特殊性之下，都有共同承擔的事
工，就是活出福音。

查爾斯承認，這樣的異景是難以維持的。外在的許多壓力，會令較安全而明確的角色具有吸引力。在教會內，很容易將正當的任務立定為獨家的職責，把崗位的必要權力變成將身分分別出來和聖化的基礎。人對牧者在那裏該做甚麼，會有自己的看法，他們可能容讓人們將對聖言和聖禮的尊重，墮陷到近乎依賴的地步。而或許更真實的是，很多在那更廣大的社區生活的人會轉向教會，是為了通過儀式而進入人生新的階段和特定的職事，並尋求神職人員的正確回應。在這一切上，合謀是自然而誘人的。人人都需要認同和立足點，盼望在某個有秩序的位置，能為存在賦予結構和意義。這些誘惑跟學術場景中所遇到的，並沒有太大差異，在整體的任務中，有認可的領域是必需的，當中所期望的是在教學和研究上能有所專精。在兩種處境下，都不易活出伊雲斯（Sydney Evans）所説的真正業餘者的形象：不乏技巧和委身，卻能自由自在做回自己；需要時要作出回應，並要為了共同目標而放下自己的身分。[10]

與此同時，查爾斯確認他在這條路上曾遇見的所有盟友。猶如約翰．本仁（John Bunyan）的天路客，他也曾得著很多人的支持與指導、陪伴與慷慨接待。這些人從過去到現在，都是真正的實踐神學家，查爾斯是在他們的陪伴下受感蒙召服事的。他們包括距今愈來愈久遠的人、祖父母、校牧、老師；也有在他自己的事奉中曾服事他的人，無論自己這些事奉是在他們的家中和工作場所，是在

悲哀和歡樂之時，還是在決策和焦慮之時。他特別感恩的經歷是，他在他曾作教區牧師的鄉鎮裏，成立了一個輔導中心。或許比起其他任何事物，此事開始改變了他自己的看法和做法，由以專家和權威為本來提供服務，轉移到以伙伴的身分與人同工。在輔導室內，
43 這種的轉移是顯而易見的，而焦點落在案主身上。他們需要自我覺醒的自由，這自由促使他們為自己做決定，並為他們配備所需的資源，不論這些資源是內在的、來自周圍的人或福音本身，都是為了他們可在各自可能的範圍內活得更有創造力。然而，棄權位，成僕人，並非易事。

藉著他在聖烏爾里希的同儕，這個過程得到欣然確認和加強。瑪格麗特貫徹始終地堅持將社區發展的模型，以及與人共事去完成共同任務的模型，作為在教會內外的事奉基礎。最終，要令真正的理解和良好的實踐成為可能，就只有當它們被挪用和被擁有，變成羣體組織的一部分。這跟他在天主教中心達米安堂（Damian Hall）——與大學有關聯的——中所見的、賦予平信徒領袖培訓工作有活力的態度，是非常一致的。事奉是上帝全體子民的工作，在其中，有許多任務會分發出去並為全體的好處而作。實踐神學家的工作是參與其中，並成為整個基督信仰羣體共同生活的催化劑。

基於這些原因，把聖奧古斯丁（St Augustine）的警告放在心裏，是何等的美好；它納入在梵蒂岡第二次會議的文獻《萬民之光》（*Lumen Gentium*）中：

> 由於天主的恩賜，教友應以基督為弟兄，基督雖為眾人之主，卻來服事人而不受人服事。同樣，教友也以聖職人員為弟兄。對這一點，聖奧古斯丁曾有極精妙的說法：「我在你們面前的身分，使我戰慄；我和你們一起的身分，使

我心安。我在你們面前是主教，我和你們同是基督徒。前者是職務，後者是恩典；前者意味著危險，後者意味著拯救」。[11]

查爾斯發現，這樣的反思過程，是令人困倦卻又充滿挑戰的。
他為著自己做了此事而感到歡喜，因為它幫助他澄清了許多使他腦
袋混亂的東西。事實上，為著完成了他個人發展的一個階段，他有
興高采烈之感。反思的內容已多得足以填滿給予他的時段，因此他
決定將他的演講以禮讚方式來處理，成為給他的牧區同儕的一個邀
請。因為他們的出席，不單是為了聽神學，而是要被引導去看見， 44
他們其實是真正的神學家——上帝僕人中的僕人。

註釋

1. Amirtham, Samuel and Pobee, John S. (eds), *Theology by the People* (WCC 1986), pp.128 ~ 129.
2. 因此，用約翰．泰勒（John V. Taylor）的術語來說，實踐神學家是聖靈的神學家，指向並參與那維繫萬有的上帝所具備的創造的無形性。參考他的著作 *Go-between God* (SCM 1972)。
3. Faber, Hije, *Pastoral Care in the Modern Hospital* (SCM 1971).
4. 工業宣教（Industrial Mission）並無大量公開文件可稽，儘管仍有相當多非經常性的文獻可供參閱。有兩本截然不同的舊著提供了有關「工宣」（I.M.）的導論：Taylor, Richard, *Christians in an Industrial Society* (SCM 1961) 及 Velten, Geogre, *Mission in Industrial France* (SCM 1962)。還有報告 *Industrial Mission – An Appraisal* (BSR 1988)。
5 載於 Ballard, Paul H., *The Foundations of Pastoral Studies and Practical Theology* (University College, Cardiff 1986), p.95。

6. 這過程的各方面，詳見本書第三部分。
7. De Gruchy, John, *Theology and Ministry in Context and Crisis* (Harper and Row 1966), p.95.
8 Holmes, U.T., *The Priest in Community* (Seabury 1978), pp.68 ~ 95.
9. De Gruchy, *Theology and Ministry in Context and Crisis* (Harper and Row 1966), p.55.
10. 取自私人的交談。伊雲斯曾任倫敦大學國王學院（King's College）院長，繼而擔任索爾茲伯里大教堂主任牧師（Dean of Salisbury）。
11. Flannery, Austin, ed., *Vatican Council II – The Conciliar and Postconciliar Documents* (Fowler Wright 1981), para.33.

4.

理論與實踐

所有神學的核心都存在一套特定的重要議題，是既理論性又實踐性的。描述基督信仰的本質和內容這種特定的神學活動，跟基督徒在他們生活上實際所做的，兩者有甚麼關係呢？我們如何能夠從言說到行動，由宣講到牧養關顧呢？那就是：在理論、理念和教義，與表達這信仰的實踐行動之間，有甚麼關係呢？這樣的問題，顯然是處於實踐神學關注的中心，因為正式來說，這些問題在實踐神學的範圍內被明確地呈現出來。

以某種或別樣的形式，實踐神學經常面對的，就是在福音的亮光底下要行得好的要求。但是，一如既往，這只是每個基督徒每天的基本任務的一種表達而已。這意味著，那看來是極專門而抽象的哲學討論，事實上是直接與每個基督徒的即時處境相關的，當然也與牧者——領導基督信仰羣體共同生活及參與社會者——相關。我們怎樣了解理論與實踐的關係，將塑造我們身為基督徒行事為人的樣式。

這是凱特正面對的問題，這問題是理論性兼實踐性的。凱特來到斯托克什魯斯伯里（Stoke Shrewsbury），成為了團隊區牧，那地方是兩組聖公會教區的其中之一，教區以小市鎮為基地，距離該區的大學城約二十英里。對於凱特來說，在她職業生涯的這一刻，有兩件事顯然是非常有價值的。首先，她報讀了一個當地大學神學系的課程。這迫使她深化她的神學資源，而當中最有裨益的，就是
46 要求她將她的閱讀，跟她的實際牧養處境連繫起來。這意味著，凱特要依照她所學的來不斷反思她的經驗；她又要根據她日常工作的實況，來測試並探索她所學的東西。這並不容易，實際上這是一件很辛苦的事——要擴張她的想像力和創造力；然而，這一切都是值得的。

其次，凱特還發現到，城中的神職人員每月聚會的價值。他們不僅全都恆常出席，天主教神父跟五旬宗和浸信會牧師在一起，循道宗和聯合改革宗的傳道人，以及四個聖公會的神職人員；而且經年的成長，帶來了團契、支持和相互關係的力量，這足以使他們可深入分享。因此，聚會的其中一個價值，是將他們的牧養關顧帶到組內，使人得著幫助。所以，當凱特開始説出她因著傑恩及其女兒艾菲感到焦慮，這並非不尋常的事。他們全都明白，這對凱特而言，這話題有兩個層次：她真正關心傑恩，以及她運用這處境來反省神學方法的本質（這是使我們感興趣之處）。[1]

傑恩已跟她的丈夫鮑勃分居，因為她終於為著他曾虐待她的身體，以及他曾性侵犯現時才十四歲的艾菲，作出反抗。傑恩和艾菲搬進其中一間老工人的村舍，是位於凱特所服事的聖奧斯維德（St Oswald）和舊磨坊之間的。這裏的生活費不高，足以讓傑恩平時可於一間私校（這私校平時借用教會大禮堂來作教室）擔任幼兒教師，以維持她們二人的生計。凱特就是在那裏跟傑恩相遇，並逐漸引領

母女倆踏入教會的生活；她倆偶爾參與崇拜，做點零工或參與些社交節目。但事情後來變得複雜起來。

克里斯，傑恩的一位終身好友，在傑恩經歷創傷期間，成了她的支柱。他現在想要搬進傑恩的家，與她共住，不過他並沒有堅持他的想法。但這很可能構成威脅，引發起種種問題。要擺平鮑勃，是非常艱鉅的，而傑恩的任何舉動，將會阻礙所有事情，更遑論很可能帶來的激烈反應。艾菲顯然是不快樂的，她甚至在校內有些問題：懷疑濫藥和不時逃學。此外，在跟凱特談東講西時，傑恩曾透露自己曾是受虐兒童，她害怕再次經歷整個過程。她是何等的低估了自己，以致克里斯的照顧，對她來說，既是一種肯定，但又被視 47
為是另一種威脅。

當凱特將這個個案帶入小組，彼此的談論是廣泛而有益處的。他們交流了與法律和社會服務角色相關的資訊，以及傑恩可在城外哪一個地方找到她負擔得起的輔導服務，幫助她重新發現自我。他們討論到，特別是凱特，向傑恩和艾菲提供牧養關顧之方法，也談到教會羣體可做甚麼。他們著眼於由克里斯和鮑勃所引起的問題。他們亦問及，有沒有甚麼具創意的事情，是適合城鎮內的青少年做的。所有這一切，對凱特來說，都是相當實際的幫助：新資訊、給予個人支持的想法，以及若她嘗試與傑恩和艾菲同行時該採取的步驟。而凱特在聚會時還寫下詳盡的筆記，這些筆記內容，成了她反思神學方法的材料。所以凱特回家當晚，便開始整理安排她每個同儕可如何在複雜事件中提供牧養關顧的任務。

當凱特這樣做，叫她驚訝的是，她開始辨別出一個四重模式：這模式與她從文獻閱讀中所開始到辨別到的模式相類似。同時，「斷層線」（fault-lines）並沒有以任何方式沿著宗派或其他明顯的界線而行，卻跨越預期的分界。那不是一系列滴水不漏的隔閡，也不是可先入為主地將人區格分類的條條框框。相反，有些明顯的側重點，是互為重疊，彼此聯合的。然而，即使在這麼小的一個羣組裏，這些類別都可以給清楚分辨出來。凱特很容易便能想像到，更大的樣本可允許更大的差異和精密度，而同樣的模型可在其他領域的論述中發現，如教育或科技領域。

從理論而生的實踐

這些進路中的第一個進路，是由浸信會的休牧師，和位於城鎮另一端的聖公會聖布里奇特（St Bridget）牧區的主任牧師理查德牧師所分享的。毫不奇怪的地方是，休牧師急於建立聖經原則以教導凱特如何行動。她的任務，是要清楚訂明「聖經説了甚麼」，並敦
48 促傑恩遵從這教導生活。這在克里斯和傑恩的關係上尚算清楚，而正如所建議的，也同樣可應用在其他議題上，就正如踐行寬恕的需要和克服恐懼的可能性。理查德牧師的方法看來有點不同，可在現實中卻是一樣的。對他來説，這是關乎發現教會所教導的東西。牧養的任務，是引導人走在傳統聖潔的路上。聖禮的框架會緩慢而穩步地促使傑恩找到神聖寬恕的恩典，並促使她尋著力量，好發現可引帶她從生活的迷宮中逃出來的道路。明顯的恩典媒介（means of grace），便是認信和聖餐。

凱特在這裏識別出——儘管幾乎可以肯定休牧師和理查德牧師會感到驚訝——一個從啟蒙運動理性主義中得到力量的進路，它已深深地影響著理解和運用神學的方式。休牧師和理查德牧師始於一既定的真理，一個不證自明的參考點，由此將結果推論出來。一旦根基建立起來，從它流出來的，按邏輯來説，便是所需的一切。因此，找到自然科學或社會的定律，便可預測星宿的運行或市場的

行為。對休牧師來說，即使他不是基要派，聖經仍是起點，因為藉著它，我們能夠明白上帝的啟示模式。在當代新教神學中，這是巴特式的傳統（Barthian tradition）。牧養的任務是為上帝的話語作中介。對理查德牧師來說，教會的教誨權——其教導權柄——保留了福音的真正聲音，透過前人的謹慎論證，牧者能夠作出辨識——在某些特殊情況下該如何應用。

顯然，這樣的立場對應著一個非常真實的經驗。基督教的福音確實是以恩典的形式來到的，是上帝賜下的，而不是依賴於我們的努力或接受程度。在基督的現實中，上帝來到我們這裏，以恩典的媒介來接觸我們。我們的任務和喜樂，是向這恩賜，並向所賜下的自由和更新，作出回應。我們所聽到的福音，是上帝向墮落而蒙厚愛的受造物所懷的良善意旨。不就是這點吸引傑恩進入教會，給她盼望並引領她尋求牧養上的幫助嗎？她還該轉到何處？若福音賦予生命，它就設下它自己的標準、期望和要求。基督已賜給我們了，而祂站在當中，與我們同在，就是為了我們。

若這是以「演繹」（deductive）的方式來理解信仰，凱特也察覺
到她的同儕間的一種「歸納」（inductive）信仰的方式。這些看來是 49
相互對立的，在某層面上誠然如此。演繹法始於一既定的真理而由此推論出一切，而歸納法則始於證據，然後藉歸納而達致結論。然而，它們實際上並非相距得那麼遠。「歸納」宣稱從經驗性的觀察發現基礎模式，但隨後便以演繹方式來運作。雙方都希望先確立好其理論，才去問這條問題：我該作甚麼？

資深的巡迴循道宗傳道人詹姆斯，便是如此。神學於他來說，其實是關乎建立信仰的真理。自然神學或基礎神學（fundamental theology）的任務，是要以哲學和歷史術語來論證信仰的基礎。所以我們要察驗相信上帝的可能性，以及上帝與世界的關係。我們也

要探問，何為合理地相信耶穌，以及基督教的歷史是否有在她所作的偉大宣稱上妥協。用聖經的詞彙來説，我們被要求去回答「我們心中盼望的緣由」（彼前三 15）。因此，關於基督徒應該被教導甚麼，詹姆斯願意作出論證，傑恩的一些期望，實際上並非永刻於石板上。

這進路的典型倡議者是士來馬赫。他能夠捍衛神學作為一門學術性的學科：神學的首要任務，是建立基督教的合理性。雖然他視神學不是純科學，而是像法律和醫科般的實踐科學，但其實踐性，是必須建基在那穩健而經批判後才確認的原則上，而這原則是達致思想市場所需的。該立場的弱點，是理論和實踐之間沒有必要的聯繫。理論本身成為目的，成了永無完成之目的探求，且常待修訂。同時，實踐者必定在某程度上預設了理論。即是説，當學者們仍在爭論，實踐者必須繼續工作——即使他們的工作是基於無關重要或過時的理論。因此，兩者之間可能出現隔閡：理論者質疑實踐者的理解不足，而實踐者漠視理論的抽象化。這隔閡經常遇到：在神學家與牧者之間，或者在牧者與會眾之間。傑恩和艾菲可能無需忍受整個辯論，但她們事實上會受它的影響。

50 批判性關聯法

凱特的教區長布賴恩，將自己定位於他所稱的「錫安語言」（the language of Zion）與凱特跟傑恩和艾菲談話所聽到的聲音之間的那個空隙。牧養關係沒有令凱特自動享有被聆聽的權利，她只有藉著確切的同在來確保她的權利。況且，這處境涉及許多人，由專業助人者到朋友鄰居。福音要提議甚麼，便必須要在公共辯論的公開論壇中來為自己開路。

根據布賴恩的看法，基督徒的觀點必須被看為與另類選擇並列的一個合理而吸引的可能性。到最後，傑恩和艾菲必須穿過生活的叢林，選擇自己的盟友，作出自己的判斷。因此，儘管凱特估計她跟艾菲關係良好，她卻認識到她不屬於現代少年的世界。艾菲所承受的壓力相當大：加入幫派、濫藥、藐視權威。她看到的成人世界已經叫她非常失望，現在媽媽受到威脅，再次為了一個男人而拋棄她。還有未來嗎？傑恩也有些喜歡「關心」別人的鄰居和同事，天曉得他們會説甚麼，更不用説身邊的熟人。然後還有傑恩的醫生和輔導員，以及涉及處理監護權和離婚訴訟的事務律師。

凱特意識到她也是這場辯論的一部分，因為信仰並沒使我們跟社會分開。在社區生活、分擔責任、使用專業知識及其他服務，這些都是必需的，好使我們所有人都能發揮所長。因此，信仰所要求的觀點，與那些從其他地方沖擊著我們的觀點之間，需要有恆常的對話。那就是説，我們必須將基督教傳統的智慧，跟引導我們日常活動和實際決定的洞見和理解關聯（correlate）起來。這種公共面向正是布賴恩急於強調的。在牧養關顧上，我們看到聖職人員是伴著其他人來工作的，並且提供特別的服事，還會與其他人一同在這處境下尋求最有效的實踐洞見和行動。這點便是布朗寧（Don Browning）常常以之作為實踐神學基石的：實踐神學必須被視為在 51
人的實際處境中幫助他們認清現實並道出真相，並且成為公共倫理過程（public ethical process）的一部分。

凱特進一步認識到，基督信仰跟其他資訊和意念之間的這個辯證過程，是外在於基督信仰羣體的（她的部分任務就是透過教會的事奉崗位，成為教會的代表）；這個辯證過程也是內在的，是教會生活的一部分，因為每個基督徒和每個信仰羣體，都要在常變之世界中按照福音的真光來生活。因此，舉例説，基督徒專業人士經常受到挑戰，要將其信仰和專業世界觀放在一起；或者，本土教會要尋問該如何回應社會對家庭、離婚、人際關係或愛滋病所作的假設——它們正沖擊著教會的生活和周遭的社羣。不過在信仰之家內，這過程會更加明確，因為在這裏，聖經傳統、聖徒智慧以及教會禮儀都會被納入為權威來源；可是它們仍必須被引進與當代世界的發現進行創造性的對話之中。

在這方面，凱特感謝一些言論——縱使這些觀點與她迥然不同——來自莎拉，她的聯合改革宗的同儕，以及史蒂夫，聖布里奇特的副牧師。莎拉建議將牧養關懷與撰寫講章之間作出比較。她說：「將兩者扣連在一起，因為禮儀講道是在活生生的羣體中完成的。」牧者一方面覺察到福音必須宣講出來、並主要在經課和教會年曆的時機中被發現，亦也可見於教材、書籍、藝術、音樂和普遍接納的傳統內。另一方面，牧者能覺察羣體的生活，注意到其盼望與恐懼、其更廣闊的處境，以及個人並在其中和周遭的家人。講章的重點是創造空間，將這兩者放在一起，好讓活生生的道能被聽見。我們正在我們時代的壓力、機會和歡樂之中，被改變、模造、形塑，我們要懇求傳統給我們智慧，使我們可以了解我們是誰、我們能相信甚麼，以及我們作為基督的子民必須要作甚麼。正如身為聖經學者的莎拉所說：較大的字眼是詮釋學（hermeneutics）；較淺易的字眼是對話（dialogue）——基督教傳統與人類經驗之間的對話。

52 她指出釋經可被視為與文本交談，而與此同時，釋經與我們會涉及的人交談。牧者是詮釋者，嘗試將正在所發生甚麼事、並從中怎樣看到有福音標記的地方弄清楚。在理論層面上，這整個進路是一個在神學和社會科學之間的批判性關聯（critical correlation），兩者都能顯明人類的狀況。這個「批判性關聯」的方法，已成為許多近期的實踐神學的核心，尤其在北美，就是發展一個關於田立克以（Paul Tillich）之作的主題，並且關於較近期的詮釋神學（hermeneutic theology），例如特雷西（David Tracy）的加以發揮。在實踐上，這較常是零碎地完成的——在討論小組、在崇拜、在牧養交談或偶遇當中。然而，講道或許是正確的焦點圖像，因為信仰的團契，是在禮儀中環繞聖言和聖禮作出自我確認，並且在奉獻自己於世界中服事上帝時，帶著期望來聆聽的。

不過，史蒂夫談的是默觀禱告和默想。再次，這裏有種刻意抽離的意味，就是花時間反省以及察覺存在的更深層面。投入禱告的人站後一點，為要看到上帝、世界和我們自己的現實。然而，解脱束縛並不等於棄絕，反而是對現實的本身給予更深入的委身。我們不是離開世界，而是在上帝裏看世界，就是在我們的主基督的上帝和父裏來看世界。

禱告於具體的現實中，並透過具體的現實，來尋找上帝活潑的臨在。這本質上是聖禮的形式，承認在物質上和歷史上存在著靈性的向度。其中一個典型的默想進路，是設想一個福音場景，然後進入裏面，沉浸其中，發現基督給我們的話。[2] 我們也可能以心靈的眼睛，帶領別人跟我們到那裏。因此，凱特可帶領艾菲和傑恩進入基督的臨在，或跟睚魯為其孩子求救，或想像傑恩怎樣能摸到祂的衣裳繸子。然而，凱特也可從另一面入手，邀請基督進入工人村莊，那處是傑恩和艾菲的生活中心所在，在那裏跟她們相遇，以及接觸每個出入那裏的人的生命。當她這樣做的時候，或許新的主題和新的可能會冒起，又或者她會發現，當基督看著和忍受他們，祂向這些人所展現的是愛的擁抱。這樣的模型不僅限於私禱，也可應用在小組禱告和研討上。實際上，凱特在想，或許這就是組內所發生的，它 53
已幫助她更了解傑恩和艾菲，並賦予她新的個人任務和機遇。

基於經驗的理解

這是比爾，年輕的循道宗傳道人，他看來與眾不同 。他似乎將神學議題推在一旁，他首先要更清楚去分析傑恩的處境，並將之設定在更廣闊的處境中。他注意到傑恩所處的情況，看來漸漸成為今天社會的典型：家庭破裂、單親家庭、暴力、貧困和被剝奪的循環。傑恩和艾菲其實已做得相當不錯，儘管處境是多麼不利。他可以想像，艾菲陷入賣淫或過度用藥。比爾欣賞凱特所做的工作，但對他同等重要的是要問，這對社會動態和結構有何意思？而對像他們這樣的城鎮來說，正意味著甚麼呢？其中有正崩潰的以農業為本的社羣、新出現的通勤中層階級，和位於邊緣的那些細小而典型的低收入屋村。

斯托克什魯斯伯里的教會能夠做的可能不多，但這並非無事可成。做個人的工作仍然是需要的，也需要設立一些主動的抗衡點，並提供另一種人類存在模式的希望。這也正正是比爾試圖在小小的循道宗鄉村教堂中所作的。隨著地方政府的住房相繼落成，教堂也在其中被吞沒了。取而代之的是一間社區中心，為當地的行動和發展提供一個基地，並一個叫人信任的地方，每個人都可以為他們自己和大家的生活而努力。同時，比爾開展了一個小型的部分時間工業宣教項目，是通過當地教會議會跟區域工業宣教隊伍協作開展的。凱特她自己和其他兩三個人發現，他們正參與城鎮內的商業、工業和貿易活動，並跟當地的教育、醫療當局和當地政府一起工作。

當凱特分析了她的筆記，她意識到比爾並非對神學不感興趣，而是他將它置於不同的地方。這掀起她在神學院期間跟解放神學相遇的回憶，那時解放神學似乎將背景設定在相當遙遠的拉丁美洲。拉丁美洲的基督教觀念，是從他們對可怕的貧窮和政治壓迫的經驗所引發起的，但許多人均對此存疑，因為它看似深受馬克思主義（Marxism）影響。無論如何，自從柏林圍牆倒塌，馬克思主義似乎已經過時。然而，真的是那麼遙遠嗎？凱特察覺到，這國家類似的問題日漸增多。她從激進的福音派人士身上有不少學習，謝帕德（David Sheppard）的《對貧窮人的偏見》（*Bias to the Poor*）是其中的例子。[3] 某些婦女神學家提供了一些有說服力的社會分析，而且，當中亦有由《都市信仰》所引發的一股狂熱。[4] 從工業宣教本身可借鑒的，還有許多。

在他們每月一次的聚會裏，比爾似乎恆常地提出兩點。第一，他的首要神學現實，是上帝的國度：上帝的國度指向未來，那時破碎的、受傷的和被壓迫的會找到公義、和平和喜樂。不過，上帝的國度也是當下的現實：奮力尋求具體的表達形式，並致力塑造人和羣體的生活。我們蒙召服事的國度，不只是有「信」的地方，也是「愛」、「真理」、「正義」與「和平」藉著共同生活和人類結構而得以展示的地方。在最不可能之處，我們可以為上帝的國度而絆倒：在城中的貧民窟，在看似無用的人的忠心和愛之中，在盡全力照顧的恩賜裏，或給人支持的社羣內。這是教會的任務，為上帝的國度作見證，為著其建立而奮鬥其中。

這指向比爾的第二個關注。他說起點應是從下面開始，與窮人和受壓迫者、受傷害的和傷殘的在一起。那就是找到福音之處。用尊主頌（Magnificat）的話來說，上帝「叫有權柄的失位，叫卑賤的升高」（路一 52）。這是革命性卻不一定具暴力的想法，是使世界倒轉過來的。主是帶領人民脫離捆綁的那一位（出二十 2）。

比爾所堅持的是，基督信仰的真理，正正是可見於委身的行動中的。理論和實踐是辯證地緊扣在一起的，因為理論或理解由行動產生，而行動關連到對被詮譯的行動的反省。在行動的時候發現真理，真理經常是某些已做的事。在行動中信仰變得真實。這是馬克思主義中踐行（praxis）概念的核心，貼近解放神學的中心。結
55 果是，神學始於要發現上帝之處，是在即時處境的具體現實中。所以神學始於分析，始於對事物實際上是怎樣去理解的，以致上帝國度的可能性能被察驗出來。那就是為何比爾堅持要從局勢來看傑恩的情況：作為社會普遍狀態的一部分，以及從她個別的情況來看。傑恩的矛盾，是在斯托克什魯斯伯里發現上帝的國度的方式的一部分。由於比爾的介入，採取了某些行動：徵求「關係」（Relate；譯註：在英國的一個婚姻關係輔導諮詢機構）當地的教育方案，重新肯定教會協會（the Council of Churches）在學校的計劃。或許對傑恩和艾菲以及許多其他人來說，問題所在之處的壓力藉此可得到舒緩。凱特從解放神學名言中得到提醒，令她感到很欣喜：「以分析來觀察，以神學來判斷，以牧養來行動，三個階段在對信仰的委身合而為一。」

這個踐行的模型，能抗衡抽象的唯智論（intellectualism）的威脅，後者倡議的，是以為有信念才有實踐；不過凱特想，對真理的先驗委身不是仍然真確嗎？而這個真理不是必須辯護嗎？為何窮人優先是正確的起點？難道這不是必須用信心接受的嗎？在任何情況下，有這種專一的觀點是對的嗎？可否不收窄福音，而丟棄傳統的其他層面？不管有甚麼危險，是不是不必同時肯定二者：上帝在基督裏的優先性，以及信仰惟有在行動中才是真實？

意義社羣

或許，凱特的奇特發現，是體會到天主教神父利亞姆跟五旬宗

傳道彼得，彼此竟是如此接近，儘管他們之間在語言和實踐上有明顯的差異。他們二人都認為，最能幫助傑恩和艾菲的，是一個強大、接納和支持的羣體，為他們提供一點家庭的歸屬感。在這樣的處境下，他們除了得到身分和尊嚴、自由和寬恕、重建和力量之外，也能探索到福音的豐盛。教會的任務是要成為信仰的羣體，從而將基督的生命體現為世界之光，讓教會成為有新可能之地。

利亞姆自然是以梵二後已為人熟悉的詞彙來理解這事。教會是
天主的朝聖子民，分散於世上，但在各地是可辨認出來的。教會是 56
救恩的聖禮，是一個記號，就是天主在世界的臨在和具轉化能力的愛的力量。因此，那是對基督信仰羣體的嶄新歸屬感，是帶著自己的生活和經驗形式。這支撐著近年天主教教會的禮儀改革，使崇拜在本質上變得更具參與性和集體性。今天所用的教導模型，強調一同上路、分享故事，在親近基督時彼此愈發親近。這都是跟彼得所堅持的非常相似，他認為教會在世上應為另類社羣。他承認這可被理解為狹隘的小羣主義（sectarian），但他同時指出，這也可見於其他傳統的表現形式，如一些門諾會人士（Mennonites）：約翰．尤達（John Yoder）和吉姆．瓦利斯（Jim Wallis）。[5] 許多教會都承認，在日漸多元而世俗化的社會中，需要有一種獨特的意識。

由此帶出另外兩點。第一點是基督教倫理的觀點和要求。如果這被看為是對信仰羣體生活方式的描述，這會合理得多。以這個角度來看，它們是把人日漸吸引進其中的模式。此外，倫理行為的基礎，與其説是命令或利益，倒不如説是習慣和德性。這主題是凱特在貫覽倫理論述之時所認識到的，她從傳統有神論，貫覽到當代的主張，就如麥金太爾（Alasdair MacIntryre）重建德性倫理的嘗試。[6] 倫理的任務，是要填滿我們在基督裏蒙召要去填滿的，為此我們受聖靈塑造。基督教在各階層的培育目的，是要培養出像基督的品格

素質。

第二點，倫理和神學是緊靠在一起的，因為神學任務不能脫離整個信仰生活而去作服事。也就是說，神學是其中一項活動，與祈禱、聖禮和忠心的行動，共同形塑基督徒的品格。學習有關上帝和祂的行事方式，是為了認識上帝自己。於此，理論與實踐之間的分野消失了，因兩者皆是服事上帝的一部分：一個是默觀上帝恩典的奧祕，另一個是於我們整個存有中、並透過它來表達這恩典。藉著二者，我們受引領到一端，被上帝的恩典充滿，以致上帝的榮耀即是我們現實的本質。這變成一個「習性」（habitus），是我們本質的一部分；這個過程，東方神學家稱之為「神化」（divinization）。

57 凱特意識到，她幾乎未開始這個旅程，更不用說傑恩和艾菲了。無論如何，那是一個不斷深化智慧和擴大視野的終生過程。而他們每個，都確實某程度上踏上了這條路。問題是：她、傑恩和艾菲，以及其他所有的會眾該怎樣做，才可一步一步進入基督的奧祕，以致「我們眾人在真道上同歸於一，認識上帝的兒子，得以長大成人，滿有基督長成的身量」（弗四 13）。而布賴恩所注意到的危機（見頁 56～57）仍然存在：教會與世界可能是分割的，以致他們遠離對方——無法溝通或關連起來。

結論

凱特相信從她的筆記中，她已制定出四個基本模型，是關於理論和實踐之間的關係的。她還注意到各立場的一些強項和弱項。但它們如何互相關連呢？它們從本質上是否互不相容、完全是非此即彼的呢？然而，事實似乎是各自傾向對應某個重要的基督教信念，因而各自得著所受的關注和尊重。

i. 實踐是應用理論，這指向上帝在創造和救贖中的恩典和主動的現實，我們以信仰來回應這個現實（應用理論模型〔the applied theory model〕）。
ii. 基督信仰的生活，是來自傳統和當代現實之間的對話，包括公共論述（批判性關聯／詮釋學模型〔the critical correlation / hermeneutical model〕），當中所強調的信念是「所有真理都是上帝的真理」，以及我們正處於一個持續探索真理的過程。
iii. 理論是對踐行的反思，是從委身的行動而生（踐行模型〔the praxis model〕），強調信仰本質上是一項具轉化能力的活動（transformative activity），為上帝的國度的彰顯而效力。
iv. 有共同意義的羣體中，有真理在其中，這適用於成長達至智慧的過程（習性／德性模型〔the habitus / virtue model〕），要認真對待這兩點需要：需要接受信仰的獨特性；教會需要成為世上更新的記號。

當這個或那個模型被視為惟一的模型，麻煩似乎便會出現，這 58
只會扭曲並局限神學的活動。更好的做法，就是將各自視為一個複雜而持續的過程的可切入點；而各模型需要接受其他模型的矯正和挑戰。所以，傑恩和艾菲實際上是面對福音的來臨，而福音是以滿有恩典的要求而來的；但與此同時，牧養關注是以她們為真實的人來待之，置身在一個實際的處境，來面對真實的問題。於此，可見到福音的命令和恩賜。當中有部分是在支援的社羣中尋求庇護和力量，學習其價值和方法，而牧養關顧必須根據她們所能找到的最佳建議和幫助，來協助她們在日常生活中看到前路。

註釋

1. 本章不給予詳盡的書目和神學參考，因為它們可見於第五章。
2. 這是依納爵方法（Ignatian method）的核心，但也可見於其他系統。可見於，例如：Gordon Wakefield (ed.), *Dictionary of Christian Spirituality* (SCM 1982)。
3. Sheppard, David, *Bias to the Poor* (Hodder and Stoughton 1983).
4. Church House Publishing 1985.
5. 門諾會起源自十六世紀荷蘭信洗派（Anabaptist），由門諾 · 西蒙斯（Menno Simons）所創辦。他們跟某些類近的羣體相倣，是和平主義者（pacifist），擁有強烈的羣體傳統。今天在華盛頓市的「旅居者」（the Sojourners）是他們的例子。但他們跟某些排他的羣體不同，強烈委身於在當代社會作見證。
6. MacIntyre, Alasdair, *After Virtue* (Duckworth 1981).

5.

實踐神學的模型

如果我們回到凱特在城鎮中跟她的同儕的聚會和她的研究，我們可以跟隨她踏上她的發現之旅的下一步。凱特承認，有幾件事情她不得不以實踐的方法來跟進討論，但她也有另一種責任。作為大學課程的一部分，凱特必須預備一篇研討會的文章。這篇文章需要反省不同的實踐神學模型（她已經開始從同儕的反應中，察覺到這些模型）是怎樣與她的經驗有關連，以及怎樣幫助她的呢？她應該採納哪一類框架呢？為此，她必須考掘好些文獻，看看當中是否曾出現一種類型或一套模型，是常用於做實踐神學的。

如此說來，這一章仍然關注實踐神學的基礎。嘗試以更加正規的方式，將重要的模型羅列出來，這樣做，為要將實踐神學的眾多表達方式呈現出來。這一章也會介紹一些有關實踐神學的做法的主要文獻。盼望這會提供一個易於掌握的簡介，以及成為有志者的起步點，使他們更深入掌握這領域的複雜性，讓這方面的研究可成為一個有吸引力的探索旅程。不過，其他人可能想暫時跳過這一部分，而稍後才回到這裏，本書此後的內容會清楚地連繫到這裏所鋪陳的內容。

這裏提出了四個模型。然而，不應將它們視為迥然不同或相互排斥的。反之，應視它們為線股（strands），往往是彼此交織，相
60 互影響的。要辨識到大概的類型，是有可能的；但要對某些情況的特殊個別進路作出鑑定，並對任何絕對作下定論，是非常困難的。然而，這樣的歸類是有用的。它提供了一個概念框架，幫助我們更清楚地描繪這領域。

實踐神學作為應用理論

理論科學或純科學，與應用科學或科技之間的區別，是要得到普遍的假設，以及要被視為是理所當然的。一般認為純科學的專家是客觀尋索真理，把人類的知識推向前線。至於科技專家，則被視為主要關注去尋找新的應用或去解決問題，把相關的理論應用到實際的目的上；正如電器廣告所寫的：「這是科學應用」。

事實上，這模型來自啟蒙時代（Enlightenment），[1] 或理性時代（Age of Reason），這段期間奠定了現代科學和現代社會的根基。啟蒙思想其中一個重要的原則是，知識和真理賦予能力和智慧。人類的福祉，是建基在宇宙法則的知識上——這包括對人類行為的知識——以及建基在學習依從並使用這些法則上。

在實踐神學裏，這模型可見於兩種形式。首先，提及有關將社會科學的成果應用到牧養處境的可能。牧者會轉向一套合適的教導當作工具來運用。所以，舉例來說，羅傑斯輔導理論（Rogerian counselling theory）及技巧，被採納為牧養方法學的基礎。社會學或心理學理論可以支配牧養實踐的方向和模式，但這樣的話，危機

便會出現。這將會在本書第八章再次提及，那裏我們會檢視各學科的關連和互相支援的方式。

其次，有一個版本，是關乎應用理論模型的。對神學本身而言，這版本已被廣泛接受。權威和真理的據點先要被建立起來，不過，現在這些權威和真理的據點並非以相關的社會學或心理學理論來帶頭，而是以神學來帶頭。這或許是聖經在信仰上和道德上的充分性；或是教會的教導權威；甚或在更趨向自由派的圈子裏，就是藉著理性而建立的自然神學。但當以上種種一旦被接受，其權威便會推導出恰當的行動和義務。基督徒被要求去遵行上帝的命令，即或是經過中介。作門徒的任務就是順服。巴特（Karl Barth）稱士來 61
馬赫（1768～1834 年）為「現代神學之父」（the father of modern theology）。也就是士來馬赫在新教內對這種神學進路賦予典型的表達方式，特別是以其自由派形式出現；而他的影響力依然是強而有力的。

士來馬赫的關注，是在現代理性主義主導的大學中，提供有學術可靠性的神學。他主張神學的任務，本質上是實踐性的。除了醫生和律師之外，神職人員也是古代專業之一，其培訓在傳統上是大學的任務。現代社會的特徵之一，是專業團體的不斷出現。而專業實踐必須建基在充分的理論上。對事工和教會機構而言，神學正正就是這個理論。神學像一棵樹，它根植於基礎神學上，這包括宗教的歷史和哲學，藉此信仰的可靠性能被建立起來。樹幹給予該樹力量，而這就是關於聖經、歷史和教義的傳統的系統性研究。而樹冠則結出果子，也就是實踐神學，著眼於神學事業的成果，並這些成果是如何運用於教會和社會。這本身又分為眾多的分支，我們之前經已遇過：各式各樣的講道學（講道）、禮儀學（崇拜）、教理講授學（catechetics；教育）、教牧學（poimenics；牧養關懷），以及服事學（diakonics；管理及公共服務）。

這模型的強處是它認真看待權威。基督徒的行動，實際上是回應上帝在基督裏的呼召。我們是靠著恩典和恩賜而活，而非倚仗我們自己的力量和慾望的。這裏有既定的標準和規範。今天在一個變化急促、易變、多元的社會中，似乎找不到任何堅穩的參考點；許多人因而認為需要秉持某種外在的參照點，一點都不奇怪。這模型也認真看待學術性的神學：在充滿知性挑戰的世界中，需要面對真理和智慧的難題。

不過，這模型有兩個弱點。首先，它意味著，神學是專屬於教會的專業特權階層的，因而它助長了所謂的「神職人員範式」（clerical paradigm）。而在我們的時代，正如我們在此前的篇章所見，已對上帝子民的集體性有所覺醒。神學是整個教會的遺產、聲音和任務，不是遠離其他人的旨趣和接觸範圍的專門性活動。其
62 次，過程是單向的：從理論到實踐。這賦予理論優先的地位，而實踐純屬衍生物。按它的建議，真正的神學，就是對歷史和哲學學問的傳統學術的關注。

然而，今天我們發現在理論與實踐之間，並沒有簡單的演繹關係。反而，它們之間存在辯證式的交流（dialectical exchange）。以神學的術語來說：信念（belief），是從基督教歷史的非常實際的掙扎和爭議中錘鍊出來的，而與此同時，透過活潑的信仰，見證和服事的行為能得以表明出來。試看看基督教中任何舉足輕重的人物：亞他那修（Athanasius）、奧古斯丁（Augustine）、阿奎那（Thomas Aquinas）、馬丁・路德、約翰・衛斯理（John Wesley）、巴特。他們的神學，是從他們所面對的挑戰而產生出來、並為此而作出的回應。正是這種體會，激發並重燃了對科學與宗教的密切關係之興趣。科學本身也不再被看為抽離的理論，大家亦開始承認，其程序

本身是比科學曾經所假設的，遠為複雜而具辯證性。不過，應用理論的模型依然活潑可取。許多德國的實踐神學，以及不少在英國及其他地方的傳統實踐神學，都以此為據。

i. Schleiermacher, F., *Brief Outline on the Study of Theology* (John knox 1966) 。這是一部經典的著作。巴特式的啟示版本，對這模型有很好的解說，可參考以下作品：Thurneysen, E., *A Theology of Pastoral Care* (John Knox, 1962)；Bonhoeffer, D., *Spiritual Care* (Fortess 1985)；以及 Firet, J., *Dynamics in Pastoring* (Eerdmans 1986)。

較近期的新教牧養神學，已在與當代社會科學和神學的對話中，發展出這傳統；見 Heitink, G., *Practical Theology — History, Theory, Action Dynamics* (Eerdmans 1999)。

對這進路的批判，見 Farley, Edward, *Theologia* (Fortress 1983)。

ii. 以梵二為背景的天主教模型，見 Rahner, Karl, *Theology of Pastoral Action* (Burns and Oates, 1968)。
iii. 來自一位英國循道宗信徒的類似進路，可見於 Greeves, D., *Theology and the Cure of Souls* (Epworth 1960)。
iv. 保守福音派的傳統，強調以聖經為先，這傳統採取與之類近 63
的路線。亞當斯（Jay Adams）是保守福音派的極端人物之一，他拒絕任何來自現代人文科學的幫助。更常見的是，在神學觀點的框架內，嘗試與社會學和心理學的理解進行認真而富創意的接合。見 Adams, Jay E., *More Than Redemption*

(Baker Books 1979)；Collins, G., *Christian Counselling* (Work 1980)；Harding, R.F., *Roots and Shoots* (Hodder and Stoughton 1985)，及 *Pathways to Wholeness* (Hodder and Stoughton 1998)；Atkinson, D.J. and Field, D.H., *New Dictionary of Christian Ethics and Pastoral Theology* (IVP 1995)；Tidball, D., *Skilful Shepherds* (IVP 1997)。

v. 有恢復和重視傳統智慧的關注，帶領者為 Oden, T.C., *Pastoral Care in the Classic Tradition* (Fortress 1984)；還有 Purves, Andrew, *Pastoral Theology in the Classical Tradition* (Westminster/John Knox 2001)；Evans, Gillian (ed.), *A History of Pastoral Care* (Cassell 2000)。

批判性關聯法

實踐神學的現代復興，真正發生在一九六〇年代中期。正如第一章所見，對此的主要刺激是第二次世界大戰後，社會科學及其相關行業迅速崛起。教育、社會工作、護理及其他團體開發了嶄新的培訓模型，結合學術研習、實地考察、理論與批判的模型，以及實踐入門。[2] 神學教育，特別是神職人員的培訓，應當從其他護理專業的新洞見和技能中借鑑一下，是自然不過的。因此，實踐神學日漸變成為專業的神職人員教授實踐技能的課程的一部分。這大大豐富了實踐神學，但又存在著風險：那些以人文主義為基礎的嶄新技能和洞見，可以取代神學的基礎，或至少搖動了神學的重要性。不管真正的得益有多大，牧養的任務與其他護理行業所做的，其不同或獨特之處，有時似乎微乎其微。

神學責任看似全然退位，這惹來眾多反對的聲音，實毫不奇怪。怎樣才能恢復以神學作為焦點呢？如以上所指出的，有些人嘗試回到實踐神學的舊模型，其中聖經或教會的教導變成主導的元 64
素。有些人則在嘗試保留並恢復神學的同時，會去尋求和保存那些從人文科學所得的益處。而這就是所謂的批判性關聯法的背後想法。

在北美，對這進路的探討已非常蓬勃，尤其是在芝加哥，深受布朗寧影響。出發點是田立克的關聯法（the method of correlation）。[3] 田立克認為有關人類的意義和存有的問題，是由人類投擲到宇宙之中的；而這些問題所遇上的回應，是來自上帝在基督裏所賜予的啟示裏的福音。因此，在問與答之間建立起對話來，而答案必須與所問的有關聯，並且，這答案要回應和挑戰所問的。或許，當中一個適當的例子，便是馬丁．路德的吶喊：「我可在哪裏遇上一個充滿愛的上帝，能處理我的罪惡感呢？」弔詭的是，答案來自保羅給羅馬人的書信，即上帝的義就是祂的愛。我們是因信（信心）稱義的。由此而出的真理，是活的，並支撐著整個宗教改革。這主題有許多變化。在這裏我們可以簡單地看看其中的三個。

i.　首先而最直接的進路，便是對話，對話的一方是「傳統」或神學視角，另一方是正在考量的議題。因此，實踐神學家站在前線，他們處於以聖經和傳統為本的基督教智慧的洞見與當前的現實之間。懷特視這為神學學科、社會科學和實際處境的三重交鋒（threefold engagement）。[4] 不過，想一想便會清楚看到，任何的處境總是高度複雜、多層次和不斷發展的。舉個例子，就像在教會中跟離婚人士結婚。當中所涉及的每一人，都在許多層次上運作，關係到「傳統」和對處境的不同理解。結果，有些人例如邁克爾．泰勒或福勒（James Fowler），就提出更複雜的模型來解釋現實的豐富性。但最終的模型，就好像和實際處境同樣混亂。或許，最好的模型，就是運用一個簡單的模型作為反思的框架，當正在承認此模型的同時，在具體的處境下存在著一些微妙之處，必須要以富創意而開放的方式來看
65 待。不過，這模型有一個明顯的優勢，與先前的有所不同：這進路並無預先偏向將實踐神學視為一門主要是給專業團體的學科。關聯法可運用到整個基督徒的關注上。其實，某些最明顯曾採用此做法的例子，便是有關公共議題的報告——由不同教會的社會責任委員會草擬。不管優劣如何，這嘗試是將福音的命令與社會現實彼此並排的。

ii. 關聯法的第二個表達方式，就是將牧養關顧和倫理放在一起。在個人工作和羣體工作上，牧養關顧所關注的是促進個人或羣體的成長。很多時候，甚至無可避免地，牧關會涉及某些倫理層面。所以，舉個例子，當一對情侶來找牧者並要求舉行婚禮，牧者會給予幫助，讓他們重新正視他們所承諾的委身。這包括確保他們對家庭生活的各方面抱現實的態度，有需要的話，提出一些問題要他們進一步考慮是合宜的。這類人際關係是屬於倫理的本質。倫理的抉擇，絕少是明顯和清晰的。反之，它們是關乎我們如何評價人、我們的規範和我們彼此之間的期望、社會的期望，以及我們在尋求甚麼。倫理行為依靠人的質素：他們可信、善良和開放嗎？抑或他們是狡猾、易怒、自私的呢？實踐神學的任務便是要意識到，個性和經歷的不同層次，如何衝擊著特殊處境，並要問一問，我們可如何理解得更好，以促使人作出更合乎基督信仰的決定。要做到這一點，我們需要知道有關社會和個人處境的東西，人是如何受到驅動和正在發生甚麼事情。而這就是布朗寧一直堅持處理的主

題。他提出一個五重模型，羅列了影響各人和各種處境的不同因素。我們的行動，出於許多層面的因素：記憶、文化、社會壓力、信仰、個人歷史，以及選擇與慾望。牧者幫助個人或羣體去意識並將各個層面關連。問題是，偶然布朗寧似乎將實踐神學歸入倫理學之下，即倫理學同時提供實踐神學的參數和方法。這一點似乎過分強調了。兩者的確是密切相關的，但牧養
關顧不應等同於倫理要求。較確切來說，最主要的關注是發現 66
恩典。在這處境下，上帝的恩賜是甚麼？恩典也可能要求人作出回應，但恩典不是由回應來定義的。甚至，倫理學可能是實踐神學的子集(sub-set)。倫理是在「我在哪裏？」和「我是誰？」這更廣闊的場景內，明確地問：「我必須作甚麼呢？」這是許多耶穌的比喻的重點。首先，這使我真正認識到，我是站在滿有恩慈的上帝面前，而我為我的選擇和反應感到釋然。在浪子的故事裏正是這點，父親並沒有對兩個兒子提出要求，不管他對他們的期望有多大。我們甚至不知悉故事的下一步。布朗寧的立場最強之處，是特雷西所共有的，便是實踐神學必須為公共活動。倫理推論的德性是，它嘗試在思想和行動的市場中游說人。理性而開放的論證，是任何人都可容易接觸到的，亦是任何人都可不同意的。回到一個公共議題的報告的例子，《都市信仰》[5] 顯然是一份公共文件。它不單同時回應教會和國家，也以公開捍衛信仰的角度、以證據和理性的辯論為本，將主張提出來。

iii. 第三個關聯法的模型，就是將其建基在詮釋學的廣泛關注上。詮釋學是對詮釋過程的研究。它關注的是，人是如何溝通的，以及意義、目的和真理是如何傳達和分享的。最基本的例子便是文本詮釋。文件是人類的產物，藉此這人便可以跟那人

溝通。在神學內，這顯然可直接應用在聖經上。然而，正如我們都知道，詮釋聖經並不簡單。有翻譯、歷史和文化距離等問題。而同樣重要的是，我們必須意識到自己如何看待文本、它是如何被運用、我們在尋找甚麼，以及它被賦予甚麼權柄。聖經是在一個複雜、多樣化和動態的處境下被閱讀和詮釋的。就是這一點，便造成了如此難以捉摸，卻又令人如此振奮的閱讀和詮釋過程。這猶如再次重遊喜愛之地。它跟著日光、天氣、季節和年份而作出變化；它總是相同，卻始終有別，既熟悉，卻常新。就聖經和文本來説，真確的東西，只是所有人類社會存有的一個特例。舉個例子，牧養關係是人與人的互動，
67 大家要理解對方，便需要「閱讀」大家是誰。我們的生命是活生生的血肉文件。我們必須彼此接觸、觀察、聆聽、感受和了解對方是怎樣的。雖然在牧養的處境下，彼此交談的人都會有許多共通點，但總會有些差異。我的經驗範圍不能跟你的經驗範圍完全一致，儘管可能會有重疊之處。這種落差，在陌生人之間會更大，對他們來説，當下的相遇就是惟一的接觸點。運用詮釋學的語言，這些「視域」(horizons)必須透過理解(understanding)和同理心(empathy)來作出融合，為要得出一個有意義的對話。因此，詮釋學的模型可提供一個理解這過程的框架。它在對話的各個層面上作出提問，究竟雙(或多)方發生了甚麼事：在文化、歷史、社會、心理、形而上、倫理等層面上？我們如何一起生活，共享意義卻存在著多樣性和責任呢？或許上述問題的最佳例子，便是赫爾(John Hull)的自傳日記《盲人心靈的祕密花園》(*On Sight and Insight*)。[6] 他出色地傳達出「變瞎」是怎樣一回事，而在黑暗中重新發現他的世界又是怎樣一回事。這是他自己的詮釋之旅，向自己解釋

> 自己，但這也是他向我們解釋他自己，好讓我們能進入他的世界之旅。不過，這不是我們的世界（即使我們也失明了）；儘管我們的生命遇上他之後已不再一樣。某程度上，他的視域已被引進到我們的視域，而我們的視域也同樣被引進到他的視域。這裏有著共享的經驗和意義。

詮釋學提醒我們，不論是在個人還是社會上，牧養關顧要顧及人類狀態的另一個層面。我們是靠著我們自己的故事過生活的。當我們被問及我們是誰，最自然的回應，就是開始將我們的歷史活現於人前：我們的出生地、我們的教育、我們的工作、塑造我們的人和事。這裏有兩點需要提出。個人和羣體的真理主要是在故事中找到，而不是在命題內。我們從過去走出來並靠傳統而活，而這傳統同時是非常個人的（這是我、是獨特的），也是一個更大的故事的一部分，其中包括鄰舍、階級、文化、宗教、種族和國籍。這帶出第二點。故事是關乎我們如何跟別人連上關係。在派對上交談時，我們不單談及自己，也尋找跟他人的共通點：共同興趣、共同友好、共享去處。我們彼此談談故事、趣聞軼事和偶發事件。我們發現我們的故事互相重疊，將我們連繫起來。即使是論證某個觀點，不管是倫理抉擇還是政治選擇、是審美偏好還是玄思信念，討論難 68
免會包含故事元素，不管是個人的還是歷史的，都是以邏輯的形式展現。這是受時間限制的存有之本性。

從神學來說，教會是一個共同故事的團契。其核心便是耶穌的故事——被釘十架和復活，這賦予基督教故事形式和意義。信仰的呼召，就是要找到我們的故事，有其獨特性卻又是更大的整體的一部分，是受耶穌的故事所包涵和模造的。這個「很久很久以前的故事」，不僅是將過去的事件重演，儘管這是重要的，也是一個伴隨著我們的當下故事。藉著它，我們發現我們的故事，不是「瘋子所說的故事……毫無意義」(《馬克白》〔*Macbeth* 5.7.62〕)，而是宇宙性故事的一部分；這宇宙性故事是全宇宙的核心。與此同時，這意味著我們棲居於至少兩個故事內——那來自福音的和那些來自我們的時空的。這些故事通常會彼此碰撞，正如基督信仰跟我們的文化背景會背道而馳。雖然我們「不能事奉兩個主」(太六24)，但我們不可能逃避這張力，我們必須設法將它們在信仰內編織起來。

不感詫異的地方是，實踐神學和牧養事工一向對敍事神學(narrative theology)有如此興趣。聖經本身大部分都是故事。它講述在以色列、耶穌和早期教會的故事裏，有關創造和救贖的故事。難怪其中一個當代的重點，就是試圖在基督教故事中失去其根基的一代，將聖經活現起來，當中藉著跟隨基督教藝術、戲劇和演說的古老傳統，並透過不同的媒體，嘗試與那個故事重遇。這也為牧養關顧、崇拜、個人默想所採用——藉著進入聖經的劇場或辨認出別人故事中的屬靈現實。其實，有人主張教義雖看似是獨立的陳述，但事實上教義是基督信仰羣體在信仰、思想和行動上與上帝相遇之後，對這種與上帝相遇的經驗所作出的提煉和反思。這引導我們進入神學反思的中心和本質(見本書第九章)。

i. 基督教知識普及協會(SPCK)的「牧養關顧的文庫」(Library of Pastoral Care)已被證實是有價值的。它通常回應單一議題，但某些書冊被批評為展示出一種將神學化為治療的傾向，此外，例如 Clinebell, H., *Basic Types of Pastoral Care and Counselling* (SCM 1984) 也是一樣。

69 ii. 對重新評估的要求，即要有效地作出調查和回應，載於

Pattison, S., *A Critique of Pastoral Care* (SCM 2000)。有關在實踐神學中再度引入神學的兩本經典著作：Lambourne, R.A., *Community, Church and Healing* (Darton, Longman and Todd 1963)；Campbell, A., *Rediscovering Pastoral Care* (Darton, Longman and Todd 1981)。

iii. 「批判性關聯法」的宣言是 Browning, D. (ed.), *Practical Theology — the Emerging Field in Theology* (Harper and Row 1983)；另見 Mudge, Lewis S. and Poling, James, *Formation and Reflection* (Fortress 1987)；這模型的例子：Taylor, Michael, H., *Learning to Care* (SPCK 1983)；Whitehead, J. and E., *Method in Ministry* (Seabury 1981)；Lyall, David, *The Integrity of Pastoral Care* (SPCK 2001) 是一個優秀的操作例子。

iv. 有關倫理模型的闡述載於 Browning, Don, *The Moral Context of Pastoral Care* (Westminster 1976)；*Religious Ethics and Pastoral Care* (Fortress 1983)；Noyce, Gaylord, *The Minister as Moral Counsellor* (Fortress 1989)；Atkinson, D., *Pastoral Ethics* (Lynx 1994)。

v. 有關神學上的「詮釋學模型」的說明，載於 Tracy, David, *The Analogical Imagination* (SCM 1981)；Louth, Andrew, *Discerning the Mystery* (Clarendon 1983)；Thiselton, Anthony, *New Horizons in Hermeneutics* (HarperCollins 1992)；Green, Garrett, *Theology, Hermeneutics and Imagination* (CUP 1999)；Stiver, Dan R., *Theology after Ricoeur* (Westminster/John Knox 2001)；Bartholomew, C. et al. (eds), *After Pentecost: Language and Biblical Interpretation* (Paternoster

2001)；Briggs, Richard, *Words in Action: Speech and Act Theory and Biblical Interpretation* (T&T Clark 2001)；Bradt, Kevin, *Story as a Way of Knowing* (Sheed and Ward 1997)。論教義與敍事：Lindbeck, Geogre A. *The Nature of Doctrine: Religion and Theology in a Postliberal Age* (SPCK 1984)。在牧養實踐方面，包括故事：Capps, Donald, *Pastoral Care and Hermeneutics* (Fortress 1984)；Gerkin, C.V., *The Living Human Document* (Abingdon 1984)；*Prophetic Pastoral Practice* (Abingdon 1991)；*An Introduction to Pastoral Care* (Abingdon 1997)；Capps, D., *Reframing: A New Method in Pastoral Care* (Fortress 1990)；Simpkinson C. and A. (eds), *Sacred Stories: A Celebration of the Power of Stories to*
70 *Transform and Heal* (HarperCollins 1993)；Wimberly, E.P., *Using Scripture in Pastoral Counselling* (Abingdon 1994)；Anderson, H. and Foley, E., *Mighty Stories; Dangerous Rituals — Weaving Together the Human and the Divine* (Jossey Bass 1998)；Neuger, C.C., *Counselling Women: A Narrative Pastoral Approach* (Fortress 2001)；Mudge, Lewis, *Rethinking the Beloved Community — Ecclesiology, Hermeneutics and Social Theory* (WCC 2001)；Quicke, Michael J., *360 Degrees Preaching: Hearing, Seeing and Living the Word* (Baker 2003)；Ballard, Paul and Holmes, Stephen R., *The Bible in Pastoral Practice* (Darton, Longman and Todd 2005)。

iv. 跨文化實踐，特別在多元化社會裏，是日漸重要的。例如 Augsburger, D.W., *Pastoral Counselling Across Cultures* (John Knox 1986)；Lartey, Emmanuel Y., *In Living Colour —*

An Intercultural Approach to Pastoral Care and Counselling (Cassell 1997)。有關更理論性和神學性的討論，見 Shorter, Aylward, *Toward a Theology of Inculturation* (Chapman 1988)；Bosch, David, *Transforming Mission* (Orbis 1991)。

實踐神學的踐行模型

第三組的實踐神學模型，是從不同的地方開始的。踐行的概念來自馬克思主義的傳統。它試圖克服理論與實踐之間的理性差別，我們在談第一個模型時已指出過這個概念。

其起點是目前的具體處境，也就是當下的踐行。而踐行不止於實踐，因為它認為，沒有人類活動是不涉及價值的。今天所發生的事情，是人類假設的表達形式；這假設就是：事情必須或應該如何發生。因此，我早上去上班，是由於我已落入了社會現實的模式。我有時或會想，為何如此？但我幾乎肯定，這是默許的。然而，若我真的要好好掌握我的處境，我就必須為此作出深度的分析。若採用哈伯馬斯（Jürgen Habermas）的有名短語，我必須要有「懷疑的詮釋學（詮釋工具）」（hermeneutics〔interpretive tool〕of suspicion）。需要問的是：究竟這是怎麼一回事？誰在控制？誰獲益？誰輸了？誰受損失？然後，當我去工作時，我可以開始意識到，或許我畢竟只是別人的機器內的一個密碼而已。這不是全都真的對我有益處的。在馬克思主義的分析下，當然它總是假定經濟權力結構是基礎性的。不過，這只是真理的一個層級。同樣的原則可 71
應用到例如文化壓力，或有關價值的假設上。

那麼，第一項任務，便是對一切進行分析批判，這包括批判分析者的觀點。然後，在反思中恢復福音的基本命令。這提供了一種態度，那就是經過分析之後的批判性踐行（critical praxis）。這種態度，可從聖經的情境發現得到：貧窮人優先，以及為解放而鬥爭。將分析和福音並列而孕育出來的，就是新的踐行，而它本身也必須置放於同樣的分析過程之下。

或許，關於這方法的眾多例子之中，最為人熟悉的例子，就是來自拉丁美洲的基層羣體。聖經和聖禮同時成為處境的靈感，以及批判性理解的工具。貧窮被視為不公義，而門徒生活就體現於為改變而鬥爭，這是解放神學的實踐重心。

不過，這基本進路得到更廣泛的採用，遠遠超出了那些自稱為解放主義者的界限。因此，舉例來說，在保守福音派以及其他較主流的宗派之內，出現了一些基進的門徒（radical discipleship）的表達形式。也有一些其他的基進的神學（radical theologies），尋求從邊緣人士的經驗開展工作，就如女性主義神學（feminist theology）、黑人神學（black theology）以及第三世界神學（third world theologies），例如有來自韓國的民眾神學（Minjong theology）。這跟上文所勾畫的「批判性關聯法」模型出現了聚合點。因此，愈發增長的共識便開始出現。

而常常作為這共識的象徵，便是廣泛使用那所謂的「牧養循環」（pastoral cycle；見本書第六章）。此基本方法有許多變化和改良版本，儘管有過度簡化的風險，最常用的是一個四重循環（fourfold cycle）。此進路從當下的處境開始，把發生之事的真相揭露出來，從而作出分析。接下來是神學反思的階段；在這環境下福音該怎樣被聽見、作出尋問、並闡明基督徒順服之路。以此為本，可制定計劃，訂出目標，調配資源。而在下一步，這帶來行動，繼而變成進一步反思的基礎。這個模型構成並形塑了本書的第二部，而我們會在該部考量做實踐神學的各個方面。

這種進路的強項，是它能立足於實踐之上。神學活動，包括較 72
理論性的聖經及教義研究，都是為了這實踐的目的而服務。這可從解放神學的處境下，神學家被賦予的地位來作為例證。這決不是否認歷史或教義神學家的價值，而是把神學的任務最終理解為一種資源，一種上帝子民在追求順服時可運用的資源。

此外，這進路認真對待教會在其鬥爭中的經驗。實踐的信仰對神學理解來説，是重要且第一手的資源。神學必須聆聽人如何經驗他們的信仰。這就是為何有關信仰實踐的社會學和心理學研究是如此重要。從實際的方式，信仰和實踐彼此衝擊，帶來新洞見。例如，如果婦女們將她們在男性主導的教會和社會中備受壓迫的感受説出來，並且如果她們發現，她們以前所不能理解的方式去理解基督教會使基督教變得真實，那麼，教會必須格外留神了，而神學的觀點和語言可能必須作出改變。

當然當中也有危險和不足之處。像所有的模型一樣，它可以過於簡單並使人抄捷徑。它也可能有一種行動主義（activism）傾向，輕忽了反思和個人靈性。它也可能有一種神學基要主義（theological fundamentalism），即以另一種教義架構來取代固定的教義架構，並且對需要制定一個既敏鋭又有創造性的神學反思進路，感到不耐煩。解放踐行（liberation praxis）必須受到同樣的分析，正如它設法批評並改變那種踐行。

i.　有關解放神學的介紹：Cadorette, C. et al. (eds), *Liberation Theology — An Introductory Reader* (Orbis 1992)。有關政治神學的普遍觀點：Bevans, S.B., *Models of Contextual Theology* (Orbis 1992)；也有 Schreiter, R.J., *Constructing*

Local Theologies (SCM 1985)。

ii. 有關踐行作為哲學議題的一般導論：Lobkowicz, Nicholas, *Theory and Practice — From Aristotle to Marx* (Notre Dame 1967)；Morris, Peter, *Meaning and Action* (Routledge and Kegan Paul 1987)。

iii. 具踐行風格的神學和實踐的例子：Amirtham, S. and Pobee, J.S., *Theology by the People* (WCC 1986)；Fraser, I.M., *Reinventing Theology as the People's Task* (Wild Goose
73 1988)；Green, L., *Let's Do Theology* (Mowbray 1990)；Poling, James, *The Abuse of Power* (Abingdon 1991)；Pattison, Stephen, *Pastoral Care and Liberation Theology* (CUP 1994)。

iv. 來自基進福音派那端：Sheppard, David, *Bias to the Poor* (Hodder and Stoughton 1983)；Wallis, Jim, *The Call to Conversion* (Lion 1982)；Yoder, John, *The Original Revolution* (Herald 1971)；Sugden, Christopher, *Radical Discipleship* (Marshalls 1981)。

v. 有關對黑人神學有所同情的簡介：Witvliet, Theo, *The Way of the Black Messiah* (SCM 1987)；Wimberley, Edward, *Claiming God, Reclaiming Dignity — African-American Pastoral Care* (Abington 2003)。

vi. 性別議題。其中女性主義（feminism）是最為突出的。女性主義神學的介紹：Loades, Ann, *Feminist Theology — A Reader* (SPCK 1993)；Soskice, Janet Martin and Lipton, Diane, *Feminist Theology* (OUP 2003)。最近，男性議題已令人注目：Pryce, Mark, *Finding a Voice — Men, Women and the Community of the Church* (SCM 1996)；Neuger, C.C. and

Poling, James N., *The Care of Men* (Abingdon 1997)。有關對同性戀者的關注：Heskins, Jeffrey, *Unheard Voices* (Darton, Longman and Todd 2001)。

vii. 現代馬克思主義思想和批判理論正在對實踐神學產生更大的影響力：Graham, Elaine, *Transforming Practice* (Mowbray 1996)；Schuld, J. Joyce, *Foucault and Augustine — Reconsidering Power and Law* (Notre Dame 2003)；另一具保證之作：*Michel Foucault, An Introduction for Theologians* (CUP)。

習性模型

還有第四個模型，可稱為習性模型（habitus model），這詞來自法利。[7]「習性」包含「習慣」（habit）這個常用字的基本含義。但對於我們來說，習慣是一些我們不用想便去做的事，它幾乎是我們無法控制的。在傳統的倫理思想中，習慣卻是一套已成了第二天性的思維方式，是出於長期的培訓。當然可以有壞習慣和好習慣。好習慣是一種美德（勇氣、愛等），根深柢固，已超越了刻意的倫理
抉擇。我們行得好是因為我們有這個傾向，那是靈魂的一部分。這 74
與軍隊非常相似——要將軍隊訓練到完全自動自覺，知道自己在戰火中如何作出反應。

因此，神學的任務，特別以實踐神學而言，最終不是提供方法或技能，而是訓練頭腦和心靈。考慮到這個情況，那麼神學的目的就是在各方面建立基督的身體。這可能需要參與查詢、分析和決策的過程，但在社會日常生活中攸關要緊的，是需要一種基督徒的本能和一身基督教的神經。這絕對不是放棄紀律，相反，這是一漫

長持續的任務，要求關懷和委身。這涉及人個性的各部分——包括知性。藉著對有關世界和信仰的學習和發現，我們可常常得著餵養，但我們亦要堅持心腦並用，因這也是關乎意志和情感的。換句話說，我們所關注的是建立靈性：「敬畏耶和華是知識的開端」(箴一7)。在新約中，要有智慧，便要有基督的心思意念，按聖靈的心意而活。這是在上帝自己的創造性和犧牲中，分享喜悅和分擔悲傷。

這並非一種新的思想。事實上，它或許是神學的根基。在許多方面，東方的傳統反映了初期教會、教父時期、古典時代的基督教歷史思想。神學從前並非以系統性的知性追求來開展的，也不是特定人物所做出的獨特活動。神學成為一門科學，是中古時期的事。較早期的理解是，按字面來說，神學是「言說上帝」(God-talk)，或者更好的說法是「上帝—智慧」(God-wisdom)，亦因而以無數的方式為中介：在禮儀和祈禱中，在講道和教導中，在討論和寫作中。正統不單解作「正確的信念」(right belief)，也意為「正確的榮耀」(right glory)：即是在聖禮和生活中正確地認識、談論和敬拜上帝。

這傳統以這個或那個形式，持續至今。阿奎那認為神學的目的在於得見上帝(the vision of God)。在敬虔和保守的福音派傳統裏，正規的神學一直被理解為基督徒品格的塑造。巴特稱神學是回應上帝在基督裏的美善所作出的讚美行動，是門徒在理解中的回應。巴爾塔薩(Hans Urs von Balthasar)則在思考美(beauty)當中找到通往上帝之路。

有關心靈的這種氣質傾向，是不能被教導的，但它是可以培育
75 的，只要有場合和機會去學習、反省、默想和祈禱。這是我們個人
的旅程的一部分，是向聖靈敞開。所以，千萬要記得的是，實踐神

學不僅是關於作門徒的要求和教會在世的任務的。它不僅是關乎人和羣體的需要，它也是關乎自身邁進基督的成長和在聖徒團契中的生活，也是在上帝內捨棄自己。

因此，牧職培訓本質上是關乎基督徒品格的培養。這會涉及現實的自我覺醒，也就是意識到一己之強項和弱點；這亦涉及在牧養服事中可供應的恩賜和限制。這意味著培養禱告和靈修的習慣，好使一個人的生命核心能在上帝裏得以堅立，是發現朝聖和成長之路。這個已經是英格蘭傳統牧養培訓的核心，不論是聖公會，還是非聖公會。神學院是由師徒模型發展出來的，而受訓者會緊貼資深而明智的實踐者，他們會將明智的習慣和實踐技巧傳遞出去。而這正是「神學反思」並其實踐所要尋求的。

這同樣也可被視為是牧養實踐的目的。這促使整個基督信仰羣體——個人的和集體的——能在恩典和基督教智慧中成長起來，亦能在喧囂的生活中提供資源，使他們得著幫助。它聽來可能會有點過時，但其任務就是使得基督徒，無論是男是女，他們在日常處境下能活出信仰且不慌不忙。而叫人驚訝的是，很多人不知不覺間透過正常的信仰規條，成了世上的鹽和暗處之光。

伴隨著這個觀點的，是以「德性倫理」（virtue ethics）這新興的焦點來作為牧養實踐的進路。以這個觀點來看，倫理規範和實踐，並非由某類規範性的理性原則或者某些已揭示的原則引申出來的，而是從社羣或社會的生活而來。該團體的成員內住在道德世界中，而他們經已適應其中。在一個多元化的社會，存在著各種互相競爭性的文化模式，而其中之一便是教會。要成為基督徒，就是要成為門徒（學習者），他們要參與信仰羣體的生活、禮儀和教育進程，並受引導進入其倫理的理解和實踐。因此，基督徒的目的是內住在社會現實中，以便變成一種「習性」。所以，對於這樣的理解，已

76 有無數的批判，這些批判的範圍，就是從受壓制去遵從的可能性，到怎樣判斷自己和他人的標準的疑問。但事實上，這就是我們怎樣適應當下的處境，而在這處境下強調了傳統的重要性。

i. 習性模型的說明載於 Farley, Edward, *Theologia* (Fortress 1983)；另見：Holmes, U.T., *Ministry and Imagination* (Seabury 1976)；Tomlinson, Anne L., *Training God's Spies — Developing the Imagination in Theological Formation* (Contact Pastoral Trust 2001)。
ii. 有一位現代作家，他一直注視事奉和靈性之間的關係，他便是盧雲（Henri Nouwen）：*Creative Ministry* (Doubleday 1971)；*The Wounded Healer* (Doubleday 1972)；*Reaching Out* (Collins 1975)。另見：Ecclestone, Alan, *Yes to God* (Darton, Longman and Todd 1975)；Holmes, U.T., *Spirituality for Ministry* (Morehouse 1982)；Leech, Kenneth, *Spirituality and Pastoral Care* (Sheldon 1986)；天主教的資源載於 Wicks, Robert J. (ed.), *A Handbook of Spirituality for Ministers* (2 vols.) (Paulist 1995 and 2000)。
iii. 有關德性倫理的辯論的介紹，載於 MacIntyre, Alasdair, *After Virtue — A Study in Moral Theory* (Duckworth 1985)。另見 Hauerwas, Stanley, *The Peaceable Kingdom* (SCM 1984)；Colwell, John, *Living the Christian Story* (T&T Clark 2001)。牧養方面：Hauerwas, Stanley and Willimon, W.H., *Resident Aliens* (Abingdon 1989)；Clark, Neville, *Pastoral Care in Context* (Mayhew 1992)；Goodliff, Paul, *Care in a Confused Climate* (Darton, Longman and Todd, 1998)。

註釋

1. 「啟蒙運動」是在思想史中，賦予西方文化的主導知性趨勢的一個名目。它主要受四個基本特徵所導向：(1)堅決以理性作為判定議題的適合工具和最終權威；(2)訴諸自然；(3)進步的理念；(4)拒絕傳統的權威。Pailin, David A., in Richardson, A. and Bowden, J., (eds) *A New Dictionary of Christian Theology* (SCM 1983)。
2. 見第一章。
3. 見 Mckelway, Alexander J., *The Systematic Theology of Paul Tillich* (Lutterworth 1964), pp.45 ~ 48。
4. 載 Campbell, Alastair, *A Dictionary of Pastoral Care* (SPCK 1987)。 77
5. Church House Publishing 1985.
6. Hull, John, *On Sight and Insight* (One World, 1997) .
7. Farley, Edward, *Theologia* (Fortress 1983), pp.35 ~ 36.

第二部：實踐神學的藝術

6.

實踐神學的工具：牧養循環的簡介

本書的第一部，把實踐神學置放於其廣闊的背景中，並將兩組問題提出來。首先要問的是，實踐神學是哪類型的活動？它跟其他神學學科的關係是怎麼樣的呢？誰做實踐神學？是否有空間給專家去活動？大致的結論是：確實有一門可供辨認的名為實踐神學的正規神學學科。然而，一方面，它是一眾學科中之一員，這一眾學科各自為整個神學事業作出貢獻；另一方面，它以獨特的方式去做神學，充實並影響所有神學，因所有神學的本質都是實踐性的活動。

第一部所審視的第二組問題，試圖疏理一個重大的理論性議題，這議題正塑造著實踐神學是如何進行的。這議題就是：在一些當下正使用的實踐神學模型和進路背後，理論和實踐兩者的關係究竟是怎樣的。而我們的討論指出，理論和實踐之間有相當大的分歧，這對於一個正在成長的學科來說，是需要解決的問題；但與此同時，在實際上要做實踐神學時，兩者也有相當多的共通點。

本書的第二部會從上文的這個共通點開始。這部分的主要目的是審視一些具體議題，而這些議題是在做實踐神學時所提出的。這包括：由經驗開始；採用社會科學並將它們跟神學扯上關係；何謂神學反省；行動與靈性如何彼此影響。在此，我們無意訂出一個具體、詳細的教學大綱。實踐神學的內容和方法，總是跟手上的實際
82 任務、可用的資源和特殊的處境有關。但是，若想替實踐神學貼上某些標籤，也是恰當的：體驗式學習、從牧職的實踐開始並以之為焦點，以及同時服務教會及世界。所以在第二部，我們將提供一些指導原則和技巧、洞見和點子，盼可成為教師、學生和在工場上的實踐者的資源。

然而，首先要處理一個此前提出的問題。是否可能提供一個焦點核心給這個過程：開始時，將內在於實踐神學的那些多樣性的關注和進路，匯集成某種的統一性？正如我們在前一章已表明，我提出以牧養循環作為一個方法論的工具，確實考慮到以上列出的各種模型的強弱項，也提供了某類的架構來思考實踐神學，這種架構同時允許靈活性和多樣性。

描述牧養循環

牧養循環已廣泛使用於實踐神學，它有多種變化。雖然它得以普及是相對近期的事，但在較早的時期，一些類似的進路，已是有迹可尋的了。其中一個例子，便是在戰爭期間，賈爾定神父（Fr. Joseph Cadijn）的公教進行會（Catholic Action）的「觀察—判斷—行動」模型（see-judge-act model）。[1] 但在當代的實踐神學，牧養循環將其起源歸於自一九六〇年代起解放神學所帶來廣泛而普及的影響。在拉丁美洲，「基層基督徒社羣」已將這進路發展為建構其神學與社會的批判和行動工具。現在它已被廣泛應用，甚至在

不認為自己受解放主義影響的圈子內，亦會使用這條進路。另外有些人會宣稱，這是他們獨自開發的進路。它可見於不同的形式，例如：在基進福音派的圈子、在工業宣教以及城市宣教和社區發展的圈子。[2] 這「行動—反思」（action-reflection）的學習模型，目前在培訓教師、社工、護士和其他專業人員方面也非常突出。當中所強調的是工作場景上的實質經驗，而這經驗能在更正規的教育環境下，成為反思和學習的材料。現在，對專業或實踐神學教育來說， 83
這也已是平常事了。某些計劃，整個都是圍繞著這種學習模型而建立的。正如我們先前指出，牧養循環似乎愈來愈趨向一致性。

如此被廣泛接納，清楚表明了牧養循環應成為實踐神學中任何當代觀點的核心。然而，下文將指出，這個循環不僅是一個有用的工具，而且更可以成為一個焦點，匯聚各學科中所發現到的眾多不同重點，使之成為一個一致而具彈性的整體。它可做到這一點，部分原因是因為牧養循環已植根於神學實踐中。因此，隨後數章會處理循環內的各個階段。本章的稍後部分，會論證牧養循環能回應上一章中所描述的各種實踐神學進路所展示的神學關注。而結論是這些進路可被視為彼此互補，而不該當作非此即彼的；各自強調某種神學需要，但各自需要對方來成就神學的整體。

而首先需要闡述的，就是何謂牧養循環。

希拉是一個位於鄉村的一所福音派教會的傳道人。當她適應了她的新經驗，便日漸發現到，社區內的一切並不是太好。外表看來，事情看似正常，甚至一切順利。季節的循環有其傳統的精彩場面——村民遊樂會、大型表演、收割節晚宴、草地木球賽。社區組織、青年農民俱樂部、英國皇家退伍軍人協會、婦女協會、球會、教會和聖堂都已令她感到非常忙碌。然而，希拉能見到正在發生的長期轉變，已侵蝕農村社區並將會帶來更大的變化。不論教會或任何其他人，都似乎還未意識到或關注到這威脅。她找到幾個跟她有著共同的關注的人，但他們能夠做的卻很少。人並不希望粉碎自己對「這鄉村」的田園詩般的想法。

然後，天下大亂。郡教育委員會希望關閉其中一所村莊小學。當中的憤怒、焦慮和恐慌，都是非比尋常的。失去學校，不只是教育和兒童安全的問題。學校是鄉村生活的中心，給組織提供聚會空間，為整個社區供應文娛場地。不會再有教師來到鄉村生活和工作。希拉及時發動所有抗議行動：組織委員會，進行請願，在此處、別處，到處去申述立場。有趣的是，這個運動團體是個奇特的
84 母親聯盟，她們有住在位處鄉村邊緣的小型公有住房區的，也有新近移民過來的年輕中產家庭；這些年輕中產家庭的子女對小型學校的親密氣氛，是樂在其中的。

但有一個更重大的影響，因為學校的這趟威脅，正正撕下了表面的風光，使社區要面對它自己。突然間，鄉村原來明顯是一個通勤的郊區，多過是一個農業中心。農業正經歷危機，存在著隱藏的貧窮，包括在表面富有的居民之中。而社區，日見支離破碎和迷惘困惑。在老農民羣體、外來移民和農務「工業」工人之間的分裂，日見明顯。

對希拉來説，這帶來三個後果。首先是認識到真正的貧窮，特別是在公有住房區：低收入、高失業率、單親家庭。對鄉村的侵蝕，如店舖關閉、公共交通萎縮等等，這種種打擊超過她的想像。正是透過這運動團體，她才可靠到某些家庭的身旁。慢慢地，尤其是因為做社區護士的瓊的協助，可以將一羣人聚集在一起，商討如何挽救正江河日下的社區。因此，他們成立了一個遊戲小組，可以免費使用聖堂大廳；像電動工具這類東西，其使用安排會以合作社的方式來處理；地區委員會藉提供資助，推動社區自助維修計劃，

包括公有住房區和公共建築物，並由當地技術勞工監督；透過公民諮詢局（Citizens' Advice Bureau），找工作或轉行的人都可以得到協助。

其次，希拉發現到，關乎郊區生活和社會模式轉變這些深層問題，跟她的朋友談論會較為容易。於是，她成立了另一個小組，雖是非官方的卻可算是代表著各方的利益：一個醫生、一個教師、一個社工、教區牧師和當地農民、社區中的領導人物、青年人以及一些公共屋村的家長。當他們開始確認共同的任務並發動社區行動，這成為了復和與希望的媒介。

第三，在教會內察驗並鼓勵改變也是可能的。部分會友直接參與學校的辯論和社區行動，但沒有會友不受到社會普遍的動盪所影響。他們可能引領其他會友，在不同項目中提供協助；或遇有特殊的需要時，設法去解決。當中有一兩個會友，是新社區研究小組的
成員。然而，最重要的是崇拜中出現了微妙的轉變。祈禱變得有意 85
義，查經叫人感到更加在地。祈禱小組發現怎樣將祈禱和生活與痛苦與喜樂連結起來；聖經直接談及貧窮人，或談及在危機中如何察驗聖靈的作為。同樣，在較看重形式的主日崇拜，也瞥見了意義和曙光。雖然聖堂（主要是舊會友，雖然曾新增一兩個新家庭）也同時是問題的一部分，然而，若它預備好改變自己，它可以成為促進改變的器皿。

一年後，眼前的危機已經穩定下來。希拉回頭看，她發現有別的東西引起她的注意。對了，有迹象顯示，鄉村洋溢著一股新的情緒，若干的倡議仍繼續進行。但打動她的是，她跟她的基督信仰羣體在當中學會和改變到的東西。宣教和事奉的異象，是更廣更深的。她現在真的變成了社區的一分子，得到接納和認可。她發現基督信仰就是在服事社區中成為上帝的僕人（林後四 5）。

她還有另一個發現。一本作為聖誕禮物的書，給她介紹一樣東西，名為牧養循環。而她實際上已經踏上了類似的路徑。

希拉的故事，於她自身來説，是獨一無二的。然而，事實上它並非如此罕見。牧養循環對過程的概要進行分析，如前所述；它使我們能夠看得更清楚，因此，當有必要時，可幫助過程向前推進。或許，若她早認識它，她必能證實牧養循環是一個有用的工具，這工具能對所發生的一切作出有意識的反思，並免除一些失誤。這工具是好的，不過，這書本是以正式的記述來建議的，是實際地對應著經驗。一般來説，這個循環被描述為一種四重的行動：

i. **經驗**（experience）。起點是當下的情況；在既定的處境內，或多或少是例行的生活方式。但有一個額外的元素：當下受到打擾，不論這是從內在的——如希拉的個案——或從外在的事件而來，要求我們作出回應或暴露當中的張力。要繼續一如既往的生活，已經不再可能了。

ii. **探索**（exploration）。經過仔細考慮的回應，必須分析正在發生
86 的事。這要求資訊和討論，大部分會來自涉及事件者的經驗。舉個例子，向教育委員會提案，證據不能是傳聞軼事，而是必須是有系統、經過整理及測試的。這可能需要更多外界的來源去蒐集資訊，或要採納更多專家的建議。

iii. **反思**（reflection）。資訊本身不能提供答案，它只能指出可能性。還有其他事情要考量：個人和羣體對於世界如何運作的信念、人生的目的、指出何謂重要和值得追求的道德價值。以上這些考量正正與希拉的信仰相符：她容讓自己參與鄉村的事務，但同時自己跟與她共事的其他人，對於甚麼是對人和社區是重要的和寶貴的東西，有著共同的立場。不過，反思也包括

發現和轉變。先要願意承認一切不是那麼美好的；確認實況，認清它們並非如我們所假設或所想望的那般。在鄉村內，人需要認識到這裏不是田園避難所或是不變的伊甸園，而是一個村莊而已；然而，這村莊正面對農業商業經濟和科技變革的殘酷現實，並於經濟規模上處於不利位置。只有這樣，這村莊的人才有可能採納不同並更適切實際和富創造性的立場。我們在接觸當代實況時，觀念、信念和價值會面對挑戰。

iv. **行動**（action）。行動來自整個過程，並基於知情的決定和適切的倡議。因此，學校運動團體能夠對教育委員會的決定，發動有效的反對行動；聖堂能夠決定它的地方該有甚麼新的用途，或如何在社區中表達新的異象。

不過，這個循環不會停下來。現在來到一個新的起點。回顧過去，希拉承認她和處境已發生了變化；因此，下一階段必須考慮到這一點。或許，現在是時候，舉例說，審視村民遊樂會的組織，以及使全村人更認識它。所以，牧養循環實在是一個螺旋（spiral），一直向前推進。

當這樣去看牧養循環，它似乎在是直截了當地描述日常生活的 87
過程。那麼，為何還要煩著來描述它呢？然而，這樣的一個模型有很大的用處。在大部分時間，生活會如常繼續下去而無需擔心其運作機制會出甚麼亂子。但有時，檢視種種生活過程的檢查清單，還是很有用的。忘記明顯的，抄捷徑或跳過某階段，實在是太容易了。這就是為甚麼，尤其是在組織裏，檢討現況並重新考量宗旨和目標是有用的。此外，有一個具體模型，要刻意啟動這過程就會更容易了。希拉的研究小組可被視為是在審視全社區，是有意識地一步步走過這個循環。在她的教會，行動建議書會正式提交到會議上，這時，這個循環提供了一個大綱來正式處理有關建議。這種方法的一種被廣泛使用又具價值的表現形式，就是教區或宣教稽查（parish or mission audit）（見第七章）。

話雖如此，但警告必須提出。模型是一種非常有限的工具。它必然是過程中的一個簡化分析，而過程卻難免是難以捉摸、複雜、不完善的。它不能自動運作。它是一種指引而非鎖鏈。盲從死守一個模型，會抑制自由和創造力。這循環甚至會不按正常秩序來進行，幾個循環有可能會互相交織在一起。儘管如此，作為一種學習欣賞人類行為過程的方法，它證明是非常寶貴的。

牧養循環作為神學工具

牧養循環是一種啟發式工具；即是，它提供了一個方法，使大家認識和使用充滿發現和引發行動的過程。而作為實踐神學的焦點，它也必須提供一個方法去處理神學活動並將其聯繫起來。這便是本章的第二個任務：要尋找方法，使實稽踐神學的四種進路匯集起來，此方法能正面地肯定它們，與此同時，此方法能按批判的反思去修正它們。要做到這一點，我提出六個基本原則，這些原則既能充實實踐神學，又與牧養循環的不同方面相關。

88 ### 1. 實踐神學出自共同經驗

如之前所提及的，牧養循環出自基層基督徒社羣的共同經驗。它代表了一種方法，反映著一個潛在的發現：實踐的真理是來自一個共同的發現過程，這同樣涉及所有共同參與其中的人。而弗雷勒（Paulo Freire）曾將兩種教育模型作出對比。[3] 主導的西方模型，是等層制的和專制的。它把知識和技巧的力量投資在專家身上，由專家教導受教者或代表受教者行動。解放主義的模型，將權威和力量同時賦予受教者和教師，因為在這個共有的事業中，各人均有所貢獻，並可從各人身上有所學習。因此，特別是在基督教的處境裏（其宗旨正正是擴展人的自由和能力），我們視每個人都是有貢獻的，因而也是有價值的，這一點十分重要。

巴比（Dominique Barbé）[4]描述了一個聚會，在聚會裏，各人受邀談及他們上次會晤之後，在他們身上發生了甚麼事：

> 在開始時，我們往往聽到這樣的事：「是我嗎？沒甚麼有趣的事。如往常一樣……」她脱口而出：沒甚麼有趣的事。但即使是最普通的故事也是會叫人感興趣的，因為它具有神聖故事（sacred story）的特質。於此，基督徒能看到各人的神聖故事之敍述。正承受貧窮擔子的農婦，跟裝備充足的牧者或醫術高明的醫生，對小組來說，是同樣重要的。

巴比接著説明了故事的詮釋如何容讓講故事者連繫到聖經的敍事，從而被視為救贖戲劇的一部分。這種做法，允許那些生活正受壓迫的人，在聖經人物中找到自己，因這些人物跟他們活在同樣的世界，於是，他們看見恩典如何在這些人物身上並在我們身上成就救恩——這是對全人和全社會的真正解放。

隨著憂戚與共（solidarity）的感覺持續增加，而又愈來愈能夠辨認出新的可能性，這帶來了他所謂的「採取行動出埃及」（the exodus of action）。對該團體而言，巴比所指的行動，是要為一個已懷孕而有十個孩子的寡婦興建一間小屋，挑戰僵化的官僚。對於希拉和周遭的人而言，這是要她們認識村中所有人，新與舊、窮與

富、擁有技術的與身處弱勢的，都屬於一個共同的歷史，生活亦是
89 交織在一起的。他們各自要為對方負責，並可以從對方身上得著領受。因此，無論要作出甚麼忠告或行動，必須盡可能是共同承擔並互惠的。這的確是困難的課堂，卻終將叫人得著益處，因為希拉發現她的生活日漸豐盛起來，而豐盛的源頭是她未曾預料過的。她不再單單施予，也可以接受，得更新、支持和指導。她對社區有一股新的歸屬感，社區變成某種流動而不斷擴大的隊伍。

2. 實踐神學是從下而上做起的

普遍使用的口號「從下而上做神學」（doing theology from below）有兩個含義。兩者都反映了解放神學的觀點和它對踐行的堅持。首先，它指出了神學的起點。正如我們所見，這循環始於目前的經驗——它正為某些事件或危機所質疑。它始於人所在的具體現實，這是主要的神學基準。希拉開展了她的發現之旅：藉著成為鄉村生活的一分子，並與真真實實的人相處——在他們的傷害和痛苦中、歡樂和希望中。而這就是所有反思和行動都必須應對的現實。福音必須關乎他們的生活、他們的社區建設，在他們的困難中與他們走在一起。就連宗教方面的回應行動也贏得人心，因為它在乎人的生活。

這是踐行模型的核心。踐行一詞指向一個事實，就是所有實踐反映著充實其內在的動力。因此，我們有一個兩個階段的模式（two-stage pattern）。現行的做法，其不真實和謬誤必須被揭示出來，其固有的優點亦然，以致它能被挑戰和改變。可以指望的是，從這過程而出的新踐行能促進創造力和增長。所以希拉和會眾對教堂在村內的作用的迷思、家庭傳統的迷思和對福音的敬虔派詮釋的迷思，開始重新考量。當他們面對現實，並開始接受一些來自基督

徒責任的挑戰，他們便可以重整他們的信念並開拓他們的實踐。然而，他們發現他們並無背棄過去，反而，他們發現，在許多方面，他們重拾他們先輩和父母的精神，而信仰比以往任何時候，都變得更加真實和更加貼近。

第二，然而，「從下而上」(from below)意味著「選擇與貧窮
人為伍」(preferential option for the poor)。在解放神學中，教會是
植根於上帝的信仰和以貧窮人為優先。貧窮人的困苦是一個記號， 90
指向違背上帝在歷史中的旨意的一切東西，因為他們的受苦並非無
緣無故的——在很大程度上，那是由於世界的資源被操控。[5]

貧窮人是永久的記號，標誌著世上的矛盾。那些被罪傷得最深的人，表明了罪的存在。他們的傷害、憤怒或焦慮是不公義和壓迫的記號。貧窮人、被剝削者和被邊緣化的人，他們都是在困苦中領受恩典，並視之為福音。而其他人，強者，擁有者，安居者，也不會被排除在外：他們有可能受苦，但他們總負特別的責任，尋求和平與公義。

希拉也發現貧窮人的實情。她由同情他們的處境，到陪伴他們，並從他們身上學習。也正是貧困的需要，使得整個情境變得真實。對於那些接受福利、低工資的人而言，一個月幾英磅的額外車費可能已經是一種折磨。時間浪費在公共交通上可以是難以負擔的。鄉村生活遽變，與有車者和能動性較高者相比，貧窮人會受更大的影響：購物更難、可做的更少、尋找工作的可能性亦愈來愈少。對希拉而言，這種鄉村生活值得保存，已變成是與工作和保障攸關，過於是為城市創造郊區避靜休憩區。透過他們，她開始重新認識釘十字架的意義，以及救贖的政治向度。

3. 實踐神學是對話

牧養循環的探索和反思階段，與批判性關聯法的模型的關係，最為密切。在許多方面，這是實踐神學的「鍋爐房」（boiler room），至少是在學術和體制的處境下、以正規的表達方式而言。實踐神學本質上是對話。也就是說，將某些元素聚在一起，帶來彼此之間的對話。從希拉聚集在她身邊的鄉村生活研究小組的工作，我們可以清楚看到這點。他們自願肩擔使命，觀察他們本地區域發生了甚麼事，希望促進適當的行動。為了達到目的，必須開發各種資源。

i. 需要繪製實況的圖表，從土地使用到汽車擁有權、從年齡分佈
91 到就業情況。為了圓滿地做好這一點，必須由知其然亦知其所以然的人來設計各種研究工具。統計資料可以用更多軼事資料來加以支持（這些資料能反映出人的觀念和意見）。

ii. 要掌握更遼闊的視野，可透過相關文獻來追查各種議題、研究官方和非官方的報告、邀請專家跟團體會面。因此，不同的社會學科會提供相異並時而相互矛盾的觀點。

iii. 然後是識別各種社區資源：鄉村內可用的技能以及它們有多合適？有哪些建築物及其他社區設施？居民有待開發的潛能？

iv. 最後還有一個關乎信仰和價值觀的最重要問題。從基督教的角度來看，這正是與信仰會遇之處。信仰叫人委身於某些理想如和平、公義、羣體、恩典和救贖。從聖經、祈禱和崇拜，還有聖徒和昔日偉大的老師的智慧中，我們可以找到資源，以引導並加力給那些受當代議題困擾的人。在一個開放的情景（open situation）中，是有各種選擇的，包括宗教上的和人文上的。

事實上，有三方面的討論是彼此並排來進行，但又交織在一起並相互影響的。首先是試圖理解處境，意識到其強弱處、其過去和其展望。其次是要按需要和資源來決定可能的行動路線。其三是相當關鍵卻常被忽視的，就是有關價值體系和所抱持的假設的討論——這些價值體系和假設可以並應會遍及過程中的每一個層次。不幸的是，這最後一點往往只出現於具爭議性的時刻：在公開衝突之時，以及可能會出現對立的衝突之時。然而，它應該是議題的中心。從這些不同方面的討論所得出來的共識，能促使團體作出負責任的決定並建議該採取甚麼行動。對於在這處境下的希拉和她的許多朋友而言，是他們的信仰為他們的參與提供了基本的理據和動力。

這種對話模型，顯然體現在教區社會責任部（Diocesan Social
Responsibility Department）的工作上，特別是在製作有關社會經濟 92
問題的報告上。這很大程度上也是從學術性的實踐神學中所能見到的模型。其目的是：給實踐神學反思所要依賴的不同學科，以及給技能與方法的一般導引，建立基礎。但需要緊記的是，無論過程多麼重要，它只是整體的一部分，而過程本身可以是很抽象和很遙遠的。在學術上恆常的誘惑，是假設了反思即行動，那就是寫了些東西或想了些甚麼，任務便已完成。這就是解放主義者對批判性關聯法所作出的批評：沒有視行動為必然的結果。葛林（Laurie Green）指出，牧養循環可被視為分割而互不依賴的兩部分：

> 將這循環一分為二是常見而真實的危險，因為許多神學家帶著要完成整個循環的目的來開始，但之後卻過分沉迷於反思而忘記去行動……談到這點，許多教會之所以墮落，正正因為這試探，將他們的行動從他們的神學反思中分割

> 出來……〔他們〕在主日早上做他們的神學反思，但他們可能並不知道，信徒在餘下的一週中是要帶著所有的行動來度過的。這絕對不是一個行動與反省合一的循環。[6]

4. 實踐神學依賴傳統

於此，存在著真實的張力。基督信仰是植根於那種在耶穌身上所發現的對上帝的理解，這個傳統可以是開闊而多樣化的，但它總帶有一種被賜予感（a sense of givenness），即信仰是「曾一次交付聖徒」並傳承下去的。然而，也需察覺到，信仰是回應人活著的當下，並從人活著的當下中學習的。對話的其中一個結果，便是發現信仰和宣教的新向度。

實踐神學的應用理論模型，顯然是對應著「被賜予」這個必要元素，這元素可見於所有主流的基督教神學。對於理論如何連繫到實踐，其理解可能是需要接受批判的，但這樣的一個模型，至少可維護傳統和啟示對我們的意義，可以維護聖經或教會的教導尊嚴。事實上，我們都是站在前人的肩膊上生活，並承繼著前人寶貴的智慧的。

93 然而，傳統必須是活的。流傳到我們手上的，是從爭議和實踐反思的火爐中鍛煉出來的。有些特定的接合點是用來指導和講述傳統的，但由聖經文本成形，直到現在，都是需要傳統來闡釋的；傳統源自對話，就是在那些基礎的故事、事件和活著的當下之間的對話。如此，我們所宣講的福音才變得充滿生氣。

當希拉回顧過去的經驗，她發現這是真的。傳統活起來，正正在它不再成為綑鎖的那一刻，當各種形式的言語可以棄掉、神聖的做法可以改變、自由可以把握之時。然後，傳統變得既寶貴又具釋放力量。研習教會的歷史，認識那些在逼迫中開展的「運動」，再次讓我們有信心倡議行動，與無權勢者同行。這樣做，叫他們發現自己更貼近耶穌的十架和復活，並能以新的洞見來閱讀保羅和約翰的書信。

5. 實踐神學豐富靈性

這點是接著前文。希拉看出，自己和她周遭的許多人對基督教的理解產生了相當大的變化。教會和世界不再分得太遠。她珍惜別人的洞見如上帝的禮物，對人有了全新的感覺，政治不再是陌生的。祈禱和信仰亦湧現了一股新的活力，儘管已十分疲累。這種種變化，現已成為她和她所服事的團契的一部分。她不能再以任何其他的方式來閱讀聖經了。

牧養循環可從經驗出發，經探索和反思，再引入行動，但它不單單在　個層次上運作。或許，最明顯的、實用的活動層次，並非如外表看來那樣具主導地位。另一個層次是與人有關的，就是他們的態度和期望。社區工作經常表明一件事，就是過程的一部分是「人的發展」——作為社區發展的必要組成要素。

這是實踐神學一個不可或缺的部分，也是習性模型的重點所
在。神學活動不能脫離信仰生活、祈禱生活和崇拜生活。批判性反 94
思和發現的個程是上帝子民朝聖之旅的一部分。對會眾在羣體的生活來說，這是千真萬確的；而對學術研究或具架構的探究的正式處境來說，這也是千真萬確的。

> 然而，這建議並非指我們是以實踐的、牧養的螺旋循環，來織成一種嶄新的抽象的或個人的靈意化/精神化（spiritualization）。這是在具體行動中尋找靈性，並藉著行動，將歷史的靈性活出來。祈禱和行動之間的正確關係，

> 包括了在解放的過程中獻上禱告——當我們體會到**我們的弟兄姊妹與上帝相遇**。在歷史上，每一個偉大的聖徒都已掌握好這種重要而具體的綜合，而這往往就是本真的基督徒生命的祕訣所在。[7]

6. 實踐神學是單一的活動

希拉的經驗是多方面的。她與困苦的人一起工作，她只幫助成立抗議學校關閉的行動小組。她關注到這對個別的個案會有影響，但與此同時，她亦需要了解壓在羣體身上的社會和經濟壓力，為要改變它和挑戰它。因此，她同時在多個層面下功夫：由個人或家庭的微觀關注，到處理郡和政府政策的宏觀問題。她不得不動用從培訓和經驗得來的所有資源。即使如此，那還是一個有關聆聽和閱讀和探究的密集課程；「學習的過程歷盡艱辛」。

與此同時，她正在跨越界限：神聖與世俗、教會與社區。在面對危機的瘋狂的幾星期所發生的事，擴散到基督徒羣體的生活之中，影響到講章的準備、個人和集體的祈禱、崇拜的面貌和教育的活動。不再可能分門別類地工作了，牧養生活的各方面都融入到行動和反思的循環之中。在此，希拉開始認識到，她從前在學院所經歷到的，是一些個別的活動，講道、教導、禮儀、牧養關顧，可事實上這些活動並非各自有其規則的獨立事件，而是有著單一召命
95 的；這召命就是要忠心見證、服事和順服。因重新發現聖經和崇拜的相關性，令積極的牧養和社區工作得以持續並得著方向。因為問題已成了她的推動力，所以，她在研習、講道、禱告和聖禮中反思並回溯傳統，成為了一趟發現之旅。牧養循環是一股統整的力量，因為它逼使我們處理具體的現實；這現實，是上帝把我們置於其中的。[8]

註釋

1. 可參考：Green, Laurie, *Let's Do Theology* (Mowbray 1990), p.24。
2. 一個例子是 *Faith in Leeds* (Leeds Council of Churches 1987)。
3. Freire, Paulo, *Pedagogy of the Oppressed* (Penguin 1972).
4. Barbé, Dominique, "Church Base Communities," in Cadorette, C. *et al*. (eds), *Liberation Theology: An Introductory Reader* (Orbis 1992), pp.185 ~ 187.
5. Legge, Marilyn J., in Cadorette, *Liberation Theology – An Introductory Reader* (Orbis 1992), p.165.
6. Green, *Let's Do Theology* (Mowbray 1990), p.39.
7. Boff, Leonardo, in Cadorette, *Liberation Theology – An Introductory Reader* (Orbis 1992), p.238.
8. 對實踐神學這單一行動的另一個描述是由艾思特禮（Jeff Astley）建議的（*Ordinary Theology*〔Ashgate 2002〕）。在這本著作中，他採用這片語（譯註：凡俗神學〔Ordinary Theology〕）來描述那些接受了很少、甚或並無接受多少神學教育的基督徒的神學或神學化（theologizing），但那是構成多數教會成員的基本基督信仰思想的神學。這進路與實踐神學的「習性」模型，較為貼近，可它卻沒有意識去吸納像牧養循環這樣的神學方法。

7.
從經驗中學習

現在，讓我們檢視牧養循環中的各個階段，看看它們是如何在實踐中運作的。第一階段，是涉及把經驗鄭重地看為教會的事奉和使命的出發點。我們在前一章曾提出有力的理由，指出這種的重視是神學的，而不僅純粹是牧養常識的操練。我們主張，將神學議題潛藏於各種事奉處境的特定輪廓內；而且，若我們能深思地探索它們，我們在此便能掌握一種做神學的方式，是可供每一個基督徒去使用的。事實上，我們可以在牧養循環的任何一點切入，但最容易展示其有效性的方法，就是從具體的經驗開始。

在本章的第一部分，我們會使用三個特定的事奉處境，作為從經驗學習而邁向適當的行動的過程的一連串試金石。

i. 當一個新牧者抵達一間本地教會，一般來説，她應該會用心聆聽，在一段相當長的時期內不要開展任何事工。她必須先密切留意整個教會事奉的處境和內涵，這樣，她才大概理解這裏正在發生的事，以及她才可與教會領導層的中堅分子討論有甚麼可能有用的策略。她必須從經驗中有所學習。

ii. 一位青年領袖，他從一個傷痕纍纍的青年團會議中走出來。他需要跟他的領袖同伴談談，他亦要認真思考這次有甚麼地方出了亂子。只有當他們把會議徹底反思一番，並在各人面前誠實
97 面對其中的種種因素，他們才敢於提出信仰的其他元素，以及他們對有關青年工作的睿見，好使他們下一次能計劃另一條進路。他們已從經驗中有所學習。

iii. 一個對崇拜的全面檢討，正在進行中。事奉團隊有種種的不滿和意念，但他們決定，首先在會眾之中做一個調查，看看基層人士有甚麼感覺。其中一個隊員問：「那麼，為何不包括那些偶爾才來的人，或那些根本不來的人？」「看看有甚麼妨礙他們？」他們盼望能從經驗中有所學習。

從經驗中學習的關鍵要素

然而，在以上的情況裏，涉及的人都不會自動地從一些曾經發生的事情之中有所學習；學習的過程必須是刻意的，否則他們就注定要重蹈覆轍。試圖從牧養經驗的實況中有所學習，至少涉及三個過程：

- 蒐集資訊和留意經驗
- 記錄資訊和經驗
- 塑造資訊和以經驗來展現其面貌

1. 蒐集資訊和留意經驗

我們將會在本章的較後部分才檢視蒐集這類資訊的實踐性。在開始時，有些事是必須言明的，就是學生或傳道人的風格問題，而這些學生或傳道人正嘗試公允地對待處境的特殊性。過程的核心，在於對處境有全然的專注，大概就如牧養神學中，聆聽的核心也是明確的專注。在輔導理論裏面，其中一樁司空見慣的常事是：若要案主真的被聆聽，聆聽者需要有三種氣質。[1]

真誠（genuineness）。正如在輔導的時候，若要處理好牧養的經驗的話，也需要對對方感興趣和參與上的一份誠實。只是耍弄幾個招數、訣竅，假裝關心和認真，會破壞整個進程。在以上（i）的例子中，若新上任的牧者一開始已定好她的堂會藍圖，那麼，不論
在資訊蒐集期，還是當中的策略跟教會成員所提供的事實、故事和 98
意念毫不相干時，破壞力都是如此明顯的。

尊重（respect）。表明尊重的態度。當蒐集資訊的人保持開放而謙卑的態度，他便不是設法去貶低、標籤或操控所出現的事實和故事，而是以該得的關懷和尊重來聆聽資訊。此外，他還不能馬上就可以判斷其準確性或其智慧，他必須先聆聽並認真對待之。在例子（ii）中的青年工作者，他必須精確地聆聽他的同儕如何理解這個災難性的會議，而不怕回憶起，並指出該羣人在痛苦中的反應。

適切的同理心（accurate empathy）。正如一個接受輔導的案主，她將更多的問題託付給聆聽者之前，有一件事是她需要得到保證的，就是她的問題是能夠被理解的。那麼，在理解牧養的處境時，學生或傳道人需要進入面前的現實、思想和情感之中，並盡可能從內心來體驗它們。然後，處境本身便能自然與聆聽者會遇，生出同理投入（empathic engagement）。在例子（iii）中，會眾接受有關崇拜的意見，但他們需要知道他們的感受和反應是被人真誠地理

解的。然後，會眾才得知教牧團隊已作出了最大的努力，而這個教牧團隊是以「會眾的方式來看這事」，並且為著更新教會崇拜策略的發展，將信任的基礎建立起來。而在輔導中，教牧團隊也廣泛接納了如下兩個額外的技能，以補充這些基本的態度。[2]

聽出低音部（listening to the bass-line）。在牧養關懷中，這意味著要聆聽人的「身體語言」（body language），看看在這更為直覺的層面上是否另有故事要講，而這故事跟表面所講的故事是互補還是相牴觸的？就聆聽處境而非聆聽人來說，這意味著要找出同時存在的「次文本」（sub-text）。新上任牧者可能察覺到，於教會內，有一絲深層的靈性上的不安，或在教會的方方面面有不同的操作神學（operational theologies）在鬥爭。[3] 我們的青年團領袖可能聽到有關會議事件的根由，他們對教會如何對待青年人，感到十分沮喪。我們的牧養團隊可能開始意識到，藉著諮詢會眾，另一個的問題會浮現出來——對領導風格的關注，或感覺到一種求變的持續渴望。

99 **聆聽自己**（listening to oneself）。當輔導員與案主會面，她要學會聆聽自己的反應。這些反應可能會提供重要線索：為何在案主的故事中，其他重要人物會作出如斯反應呢？或者，為何案主她自己會感到完全受困呢？因此，在聆聽其他牧養經驗和處境時，深思熟慮的實踐者不只是目瞪口呆地聆聽如實的情況，而是會傾聽自己的反應。這不是為了在稍後的檢討階段先發制人，而是為了了解崇拜更新的建議所引起的情感的深度，或者是為了了解：當牧者新上任的教會有部分人重述教會故事中的重要時刻時，他們所表現出來的憤怒。

以上的種種態度，相當於對審查中的資訊或經驗持抱一種「具批判的開放性」的立場。就如在困苦中的人，當有人以應有的關懷去傾聽他們，他們所在的處境就能夠顯出這些處境所特有的複雜形勢。法利所用的是另一個類比，他在著作中曾提到一種與文本詮釋（hermeneutic of texts）並列的「處境詮釋」（hermeneutic of situations）。理解牧養上的處境，要像理解聖經一樣，要用理解聖經的那種敏銳度來理解之；技巧或會不一樣，但當中的需要是相似的——如果要準確理解的話。

2. 記錄資訊和經驗

再一次，我們將會在本章的較後部分才考量記錄資訊的實踐性，而我們現在先關注一些管用的特定的做法背後的記錄原則。

明白易懂（accessibility）。二十頁的零散筆記、統計和意念，呈現在各式各樣的紙張上，副標題欠奉；這相比於長度減半、有序而一致的筆記，似乎更加令學生的導師苦惱，又或者，那對學生自己而言，亦是甚無用處的。我們新上任的牧者應該按特定的標題來記錄一些印象或感想，例如：「昔日重要事件」、「夢想」、「衝突」、「技巧」，或將之記錄在個人和團體的名字之下。

數量（quantity）。資訊蒐集有時是沒完沒了的。可只要連繫起
來，我們會發現，在牧養中，每件事都跟其他事件相連。優秀的研
究方法需要制定明確的界限，圍繞特定的資料，而這些資料是跟目
標最相關的。在我們的例子中，牧養團隊用不著蒐集會眾十年前對
崇拜的看法的數據；而另一方面，他們可能有興趣知道，邊緣的教 100
會成員對現時崇拜的安排有何想法，以及那些較委身的教會成員的
想法。要切實制定界限，就必須依據甚麼資訊才是實際上重要的來
制定。

垂手可得（availability）。沒有理由要追求「死的資訊」——顯然是不能垂手可得的，或已經失落於無法看到的隱蔽的資料庫中。

除非有可能求得之回報價值極高，才應該要這樣的英雄氣概！

專業資源（professional resources）。再次，沒有理由要花工夫將研究方法的程序重新發明一次。例如，如果所需的問卷是具某程度上的複雜性的，一個友好的本土社會學家可以提供協助。一份真正有用的問卷，其實比大多數人所想的更難編製。英國公開大學（The Open University）製作了優質教材，是關於資訊蒐集、記錄和分析的（見參考書目）。

3. 塑造資訊和經驗

如果資訊蒐集和記錄是為了進一步的運用，那麼它必須變成可隨時向人展示的那種形態。這展示可能是向一個導師展示的，他會用它來跟學生進行研究；或者那是由教會稽查而來的資料，必須給教會週年會議使用。又或者，簡單地，這些資訊和經驗，必須對新上任的牧者有用，以及是他所能理解的，並可作將來參考和反思之用；又或者，這是給學生稍後撰寫一份關於長期實習崗位的報告所用的。在以上任何的情況中，我們都需要花時間將收集得來的資訊加以塑造。這意味著要建立連繫、淘汰不相關的資料、制定標題、製作圖表、修改地圖和撰寫筆記。

在某些情況下，要按培訓機構的報告要求，形塑經驗和資訊。可能要有一份自我評估或導師評估的標準報告，以及一些稍後要參考的其他標準表格。這裏要注意的重點是，花在整理和塑造原始資料的時間，很少是浪費的。更大的危險倒是：一些未經塑造的資料太過散亂、模糊，以致給丟失了；迴避了或忘記了。

因此，我們現在確定了三個從經驗中學習的關鍵要素：蒐集、
101 記錄、塑造資訊和經驗。本章其餘的部分，將會集中在兩個特定的處境；在這兩個處境當中，從經驗中學習的過程就是核心的任務：

學生的實習安排和教會的稽查。

透過實習崗位來學習的學生

在學期時間和假期時間的工場實習，有些可短至兩個星期，有些長達十八個月，對神學生來說，這是不可或缺的，是牧職神學教育的眾多形式中最核心的部分。[5] 它們有許多功能：當課室可能要接管學生那逐漸消失的異象，它們可讓學生紮根於牧養事奉的現實；它們為他們提供實驗室，可在那裏測試相關的理論和實踐的方法，並將之改良；它們擴闊學生牧養經驗的範圍，把實踐者的智慧帶進神學反思的核心任務當中。

然而，在神學事業的核心，工場實習提供了一個可控制的框架，而這個框架是為那些從經驗中學習和將方法實踐出來的人而設的。經過改良後，這框架能幫助學生一輩子都不住地反思其事奉。以下的記錄方法，本身不大可能經常用於實際的事奉中，但這些方法對培訓的價值，在於它們減慢了學習的週期至一個地步，使整個實習及學習的過程表露無遺；而正正這個過程不是一種特定的方法，而是成為了一種第二本性，以成就有效的、具神學底蘊的事奉。

我們假設一個實習崗位的安排，是已經由培訓機構、學生、督導，以及事工的特定處境之間，經協商而設定的。以上所有四個單位都有其責任，它們之間的關係是對有效學習至關重要的。對這種關係的透徹探討，刊載於福斯克特與蘭雅（Foskett and Lyall）的《幫助幫助者》（*Helping the Helpers*）之中。不過，本章的目的，是要描述一些探究的經驗和將之記錄下來的策略，而不是去檢視督導的目的和神學反思（見第九章）。接下來的，是一些經反覆驗證而行之有效的方法，能進到表面的經驗之下，並將之記錄成往後可再擷取使用的形式。

寫日記（diary）。最簡單而最有效的方式，將印象、遭遇和想法記錄起來的，就是不起眼的日記。這方式的簡單之處，就是寫日記讓學生有機會，將外邊的事件、事實和教區的結構筆錄下來。學
102 生可將一些談話和別人的旨趣記下來，以及將教會的同工如何進行會議記下來；如何作出決定、有何計劃在進行中，以及平信徒如何參與事奉；學生亦可將之一一記下來。學生也可記下地區的景觀和氣息，以及他行走在街上和步進教會建築物時所得的印象。

寫日記的進一步用途，是記錄學生的內在旅程（inner journey），這旅程可能由觀察、直覺、本能的反應和靈性的回應所組成。那可以是問題，其中有些問題亦可能未有答案的，甚至有些問題可能在實習的過程中是不能回答的。這可以是初步探索權力的分配，或是不同的宣教模型之間所存在的張力。日記可包括一些引文或軼事，是更能表達教會真貌的。有些學生可能在他們的日記上寫詩或寫禱文。這一切對體驗式學習是相當有利的。閱讀這樣的日記，就是進入一個有血有肉的敘事世界，由於其本質是經驗的文件、零碎的片段和個人的反應，這些都成了日後反思的主要資料來源。

社區概覽（community profile）。實習早期的一個任務，應是編制一份社區概覽，以便學生可將教會的活動，置放於地區生活的更寬廣的處境之中。樣本表格可在「附錄 A」找到（參本書頁 227）。第一件要做的事，便是出去走走。在圖書館和檔案中的研究資料，無論它們的數量何等的多，也不可取代跟地區的初次接觸，於街頭閒逛、看、聽，以及第一手體驗社區所給予的那種如萬花筒般的感覺。

當那地方已開始在學生心目中有了自己的特性，另一件重要的

事，便是去了解人口數目、年齡、財富、房屋類型、車輛內登記記錄、就業情況、種族羣體等。這些資訊通常可在主要的圖書館或社區會堂找到，這可見於二〇〇一年人口普查的普查區（2001 Census Enumeration District）所作的小區域統計（Small Area Statistics）中。這樣的資訊，也可在「二〇〇一年全國人口普查」（National Census 2001）的網站，於「鄰里統計」（Neighbourhood Statistics）一欄中輕易獲得（譯註：以上是英國的資料）。這種方法的缺點，就是不常有一些可提供幫助的人，是我們可詢問意見，或者協助我們解釋數據的。其他有關社區概覽的資料，可能需要更長的時間來編制，因為這可能需要探問：社會的問題、社區中的張力，或社區如何看待教會。至於對本地的長期接觸，是需要發現它 103
那更深層的趨勢，要如此行，需要大量的聆聽和仔細的觀察。對比這個，當大多數神職人員抵達一間新的教會，他們發現自己不得不被拋進一個社區內的社區中心，他幾乎沒有任何機會站後一點，去獲得更廣闊的圖畫。眼前要做的盡是苛求，而大多數教會給予新上任牧者的，是一連串亟待解決的問題！無論如何，獲得第一印象和蒐集資訊的時刻，是一去不返的。

教會概覽（church profile）。另一份在實習早期便要編制的重要概覽，便是有關教會及其成員的概覽。一個給聖公會教區的表格範本，可在「附錄 B」找到（本書頁 231）。這樣的概覽容讓學生鳥瞰會眾，其中的細節，她可以之後再作更密切的認識。有些資訊是純粹事實：有多少人上教會？他們住在哪裏？他們來自甚麼社會背景？其他資訊較多是關於牧養形式的，即由誰來運作和有甚麼培訓可提供。再有其他資訊，可能是關於教會架構、計劃和伙伴關係的。

在這些資料的基礎上，學生就可以開始問更明智的問題。例如，學生可以探討，為何會眾中的中產階級看似是非常紮實，卻對之前提及的公共屋村影響甚微？這是否跟崇拜和牧養的風格有關，還是社會和情感疏離的長期傳統所致？教會的嚴格洗禮政策會否叫這更形複雜呢？實際上，住在屋村的人對教會的感覺是如何的呢（相對於十年前）？以及那些在教會內的人，對屋村以及教會無法對其產生影響的實際感受又是如何的呢？

教會概覽也讓人能夠提出更重大的問題，以尋求更長遠的答案。有甚麼宣教的模型佔主導地位，以及領導層如何操作這模型呢？教會如何處理變化和衝突呢？權力真正在哪裏呢？人甚至可以開始應對那些總是潛藏於教會架構和過程下的神學問題：大家抱持著對上帝的甚麼認識呢？權力的模型是甚麼？上帝國度的圖畫是怎樣的呢？教會概覽是一個不可缺少的工具，幫助我們了解會眾的動態，然後為教會生活規劃出一個適當的策略。

104 **重大事件表單**（significant event sheet）（「附錄 C」）。在基督教的事奉中，我們經常會經歷一些事件，是很可能會擾亂我們、使我們傷腦筋或使我們振奮的；這些事件引發起一些有關神學和事奉的重要議題，那甚至是關乎整個社會的。這可能是在門階遇上無家可歸的男子，或在學校門前跟一個徹底世俗化的年輕母親交談。在另一次，有一個名叫布賴恩的年輕基督徒，在一個城市的街道上販賣報紙；他負責一個出色的牧養事工，是針對那些不適應城市生活的人士的。從他那異於尋常的事工中，我們可以學到甚麼呢？或者，有一名男子談到他萌生自殺的念頭，因為他被控非禮兒童；幾天後，他自殺身亡。有甚麼是我們能做得不一樣的呢？還有另一次，我們在城鎮中開展「世界發展運動」（World Development Movement；譯註：英國機構，就全球公義和南半球國家發展的議題而展開的運動）的一個新分支，並前往游說我們的國會議員。他詞婉而語精，卻寡於承諾。那麼我們學到怎樣的政治功課呢？

重大事件表單記錄了事件，並開始以有秩序和有紀律的方式，對使其發生的因素進行分析。這也容許對事件進行初步的神學反思。進一步的分析和反思會在稍後的學習週期才出現，但在當天結束的安靜時刻，學生便開始跟這特殊事件的心理學、社會學和神學的複雜性角力，由此，他的觀察和分析會更加敏鋭，以迎向將來要面對的事件。

牧養焦點（pastoral focus）。學生可能會被要求選擇一個人、一個家庭、一個團體或機構，在這實習期間，他會對他所選的下更多功夫，以及作更多反思。其目的與重大事件的作用很相似，是要使學生變得敏感於牧養處境的次要情節，並使學生可實踐周全的牧養行動所要用上的技能。兩者的區別在於互動的延伸本質，以及在於一個事實：牧養焦點是刻意選擇而非偶然發生的事件。可以使用同樣風格的記錄表，或可作更詳盡的書面報告。

逐字記錄（verbatim）。這是一個行之有效的方法；記錄特定的會談或牧養上的接觸，盡可能逐句逐字將過程記錄下來。這需要學生在會談之後即時完成，更要適當地顧及一些不可避免的過濾性因素，扭曲學生的記憶。然而，這確實為事後跟資深實踐者或督導的討論，提供了非常有用的題材。通常，逐字報告會由簡介開始，列明學生在開始會談前，對對方有甚麼認識，以及這會面是怎樣發生 105
的。接著，它要盡可能準確地、逐字逐句地記錄交談內容；而它會有一個檢討段落，在其中，學生嘗試確定真正發生了甚麼事、圍繞著的事情會產生甚麼期望和感受、那時能做甚麼或説甚麼會對事件更有幫助，以及從整個經歷中能學到甚麼。然後，整個逐字報告便準備好，成為一份原始資料，給督導會面時使用的。[6] 在第九章，我們將會再次提及該份資料所作的神學反思的過程。

個人反應素描（personal reaction sketch）。於實習教育將近完

結時，這可以成為一個初步的嘗試，將學生崗位實習的經驗，塑造成對學習過程有用的東西。所開列的問題是刻意單純的和開放式的（見「附錄 D」），但所提供的答案類型將會是重要的。你對這教會的最初印象是怎樣的呢？你發現甚麼是最難應付的？你認為教會內有甚麼事奉上的挫折？你學到哪些主要事情，是關於你自己的？若試圖作答之時，仍是在實習崗位上或只是剛剛離開實習工場，而這份實習經驗仍是新鮮的，回應的感覺還很可靠的，這就使得個人的反應在事後跟導師反思時，成為有價值及珍貴的資源。

講道評估表（sermon evaluation sheet）。這種記錄方法有別於以上所做的，不是由學生來完成。那自然是聽眾給學生做的，而且愈多人做愈好。在培訓機構中，可以用許多方式給學生進行講道評估，例如透過錄像和討論，或在實際講道後由同輩小組評審。而在實習時，或會得到特別的機會，可以接觸相當數目的會眾，他們許多是經年累月地聆聽數以千計的講道，而從未給予過秩序井然的批判的，普通的講員都是那麼超脫於回應之外啊！轉載於「附錄 E」的，那是一個講道評估表的例子，給予聆聽者機會對內容和講道作出回應。一些單純的問題如「這篇講章的目的是甚麼？」可能會激發起一些使講員失望的回應；但他們應該預期他們的宣講是會使人惶惑的，而不是假設他們這三十年的宣講與舊約的十誡一樣，總是那麼明確清楚。要進入這項操練，就必須心存謙卑。

106 教會稽查

救主和聖家教會（St Saviour and the Holy Family）以其過去為榮。其實，在過去人對它有一份強烈的「家」的感覺。這不只是教會生活中似乎處處見到四個或五個真正的家庭的身影，而是每個人也似乎都認識對方；若有人於主日不在教會出現，教會中便會有人真誠地關心這位缺席的人。這些都是令人懷念的。這裏也曾有相當數量的孩子，當然不及一九六〇年代初那麼多；那時主日學教師人數總共是二十二人，包括海倫．納吉特，她的為人，眾所周知：雖然她有點單純，卻心地善良，而她總是將蠟筆送贈出來。

煩惱的地方是，這「家」似乎正在萎縮。當然，對此並沒有甚麼好吃驚的，但自從有一個新家庭來到教會後，已過了許多個月都沒有任何新家庭來過。在此期間，有些人離世，有些人搬走，而其他人則只是似乎交往得沒那麼頻密。此外，還有東尼。東尼和他的妻子凱特屬相當堅定的一方，這是有些人對他們的看法。他們經常提醒教會有關公路旁的單身漢宿舍、任何時間都在街上出現的一大羣孩童，以及教會沒有跟其社區連繫。總而言之，那似乎是適當的時候，去進行主教所謂的「稽查」（audit），這是一個盤點和規劃的過程。教區委員阿爾夫認為，這不會做成任何傷害。

救主和聖家教會的牧區主任牧師是鮑勃．羅賓遜（他說：「我更像個大哥哥。」他再次過度使用「家庭」用語。）他在週三召開了牧區議會會議——他被告知這晚不是一個好時間：「電視會直播足球賽事。」——但他們照舊開會。大家意見不一。當他們都知道發生了甚麼事時，為何還要花大量時間找出發生了甚麼事呢？而當他們全都知道要做甚麼，為何還要規劃做甚麼呢？他們只須做好一點。不過，鮑勃相信這是一個有用的練習，而教會這個大家庭可以走近一點。因此，他們都說好了，最終一致通過，儘管帶著疑惑的格里塔當時睡著了——或只是剛好由得她的織針指朝天罷了。

這是**第一步：決定**（decision）。這確保有一個積極、明智的決定，得以繼續進行這個項目，而這將花上教會很多的時間和精力。

鮑勃受委託跟牧區議員一起去做一些初步的建議，並將這些想法帶回下次牧區議會會議。鮑勃找到一個關於教區稽查的教區套裝，可供使用，[7] 而在一個潮濕的週五夜晚，他們就一些基本問題達成協議。是否應該有一個統籌小組呢？（是的。）需要有多少個成員？（不用太多，或許六個。）該是短期而尖刻的稽查，抑或是較長期而輕鬆的呢？（短期而尖刻的——我們善於全情投入特殊任務。記得那時……？）我們應該要一個如阿爾夫所謂的「通天曉」的顧問嗎?（要——幫助小組維持在正確的軌道上並協助它看見可能會遺漏之事。）由此，一個基本的架構組成了，為下一次教區議會會議作好準備。

教區議會會議的氣氛詳和。（沒有足球節目。春季園遊會辦得出奇地好。）所有建議都被接納。議會還制定了一份名單，並以為名單上那些人也應該在統籌小組之內。鮑勃想著：這是一個明智的選擇，將年齡、教會生活經驗和社會背景做了一個美好的調和。他們甚至將伊恩包括在內——鮑勃將他視為「友善的懷疑論者」，一位緊張大師。而最決定性，就是決定邀請東尼，就是那位徹底委身的東尼，來擔任小組的主席。

這個統籌小組已在進行中。東尼明智地花了些時間，要求小組探索其期望和特別旨趣，他甚至要求別人指出他們的盲點。（伊恩，就是那位友善的懷疑論者，説道：「上帝。」）他們決定了一個工作策略、一個時間表、需要不同小組來完成的不同任務、會眾中或許用得上的特殊技能，以及他們將如何帶著他們的研究結果回到教會。那看起來很不錯。

那就是**第二步：準備**（preparation）。成立一個關鍵的統籌小組，而不是催促做好框架的進度，並得到主要參與者的接納。

毫不奇怪，東尼建議的第一項任務，應該是進行本土社區的稽查工作。每個人都同意了，因為他們看到，一個稽查，若始於教

會，便會終於教會。（當救主和聖家教會的一個小組從自己當下以
外的生活開始，那是這次稽查所發生的第一個小神蹟了。那卻不是
最後一個。）為了這部分的功課，他們設立了三個小組：一組是要
製作一幅全面的地圖，一組是要搜尋有關這個社區的本地統計和事
實資料，還有一組是要研究人對社區的態度。地圖組迅速採取行 108
動。在他們能夠找到的那幅比例尺的最大地圖上，他們標明界限、
崇拜和教育的場所、主要的開會地點（東尼說：「不要忘記工黨的
辦公室。」）、醫院和社會服務中心、工業區，還有更多更多。他
們以不同的顏色來標明不同類型的房屋，並花了更多時間來發掘
出一大堆志願團體的地址，而那是他們幾乎聞所未聞的。

當統計組在「全國人口普查」網站發現了「鄰里統計」一欄，他們便覺得穩操勝券。彼得發現這些資訊很多都是可以自行打印出來的。進一步的網上衝浪，找到了更多社區中的組織和人物的資料。這是一個令人著迷而複雜的任務，為教區的確切範圍，找出他們想要的事實，並開始出現許多這類對話：「你知不知道……？」他們也到了規劃署、社會服務部，以及不少其他部門，跟進那些他們記憶中是當地報章曾提及的已刊出的報告。公民諮詢局的資料特別有用。格里塔說：「真想不到所有的資訊竟然就在西夫韋超市旁邊。」「我還以為那全都是跟家庭計劃有關的！」

第三組致力於人的態度，這一組的工作難度更高。他們想知道人對社區的想法和感覺。他們決定將問卷調查和「圍著閒聊」混合起來。他們將問卷帶到青年中心和老年退休金計劃中心、婦女團體和家長教師會、少數族裔社羣和診所，任何他們能到的地方。有時，他們設法跟某特定羣體舉行會議，討論他們的真正想法；那些討論非常熱烈，尤其是當老年退休金計劃中心討論到新的巴士時間表的時候。問卷本身側重於：人認為他們的社區有甚麼優點和

缺點、哪裏出現衝突、誰擁有權力。哪些社區組織正在有效地努力求變？這是否一個會諮詢人的社區，並尊重他人呢？其需要是甚麼？而價值觀和信仰理念是甚麼？對與錯？上帝和教會？（重要的是，這裏不是發問帶有偏見的問題，而是讓人用他們自己的話來回答。）

凱特有一個寶貴的構思，是來自她辦事的那間本地持續進修學院。她有一組學生，每個星期三下午都會到處逛，跟不同的人閒
109 聊。接著，這組學生向這些人發問問題，雖然這些問題與調查所用的問題是同類型的，但他們是以非正式的方式來發問的。與他們交談的人，有些是在巴士站、有些是在教會的社區食堂，以及有些是在學校大門的；他們跟有美好回憶的長者交談——一個女孩子第一次認真地跟她的祖母交談，並愛上這樣的交談；組內其中一兩個學生，他們聰明得足以跟在酒吧裏的人交談！他們聚集在一起，能得出了一幅有關居民態度的複合圖畫，這幅圖畫的寬廣度和豐富性，十分迷人；這幅圖畫充滿著洞見，穿插著語錄和軼事。

那就是**第三步：社區**（community）。教會要在社區設定宣教使命，就需要著手全面調查社區的資源和需求。

步伐升溫了。是時間來看看教會。阿爾夫說：「棲息範圍。」「安全得多。」就是這般嗎？探討教會的資源和需要的眾小組已經成立了，他們定意不會放鬆他們的批判性觀察，或只是為教會的傷口「貼膏藥」了事。再一次，其中一組是處理地圖的，而這次是教會成員居住的地方，不是只有救主和聖家教會的會友，也包括各個基督教宗派——不同顏色代表不同教會。要令其他教會的合作是重要的操練；鮑勃和東尼處理這事。有趣的模式開始出現了：不少教會的領袖並不是住在牧區的；循道宗之前在某個公共屋村是特別強大的，但在那屋村幾乎沒有任何救主和聖家教會的會友居住；友善

的懷疑論者伊恩，原來是被一個又一個基督徒家庭包圍著的。（他說：「現在我明白為何貓兒會飯前謝恩了。」）

另一組從事一個令人印象非常深刻的工作：有關教會的事實資料和統計。一個溫順的統計學者大顯身手，處理著會友數字、受洗記錄、復活節領主餐人數、財務趨勢、平均奉獻、年度慈惠捐款等等。葬禮劇增，婚禮卻暴跌（格里塔說：「鏡花水月而已。」）其他人則看看建築物，無論是他們自己的，還是其他人的，他們想到它們的適切性和可塑性、共同使用和發展的機會。人檢視教會的事工、婦女在領導方面的地位、兒童的參與、委員會的架構、崇拜模式和普世教會的合一。這些資料是迷人的——而且豐富。

正如社區稽查一樣，第三組處理會眾的態度，其所採用的問卷，有些是做社區調查時所用的問題（都是比較重要的），而還有 110
一堆其他問題，是有關背景、他們如何參與首次聚會、他們屬於哪些其他組織，以及他們對教會有甚麼不滿和他們想要有怎樣的轉變。關於這次調查要如何進行，有很多討論：在教會派發？在教會填寫？家訪？邊緣成員也要做，若要做的話，那涵蓋至多邊緣呢？他們決定採取混合模式，但仍須努力才會得到全面的回報。[8]

那就是**第四步：教會**（church）。對教會發起一個全面及徹底的稽查，包括其資源和潛力。

經過三個月既艱辛又非常刺激的工作，統籌小組認為已掌握他們想要的簡報資訊了。各工作小組提交了他們的資料，而現在要做的，就是將其塑造成可向教會簡報的樣式。簡報需要簡明、清晰和富有想像力。無休止地編列出無盡的統計數字，可達成的會少於零，這是適得其反的。後來該小組用了三星期時間，將資料組合起來，使之成為一個為教會大家庭的主日會議而設的節目（阿爾夫說：「其他任何想來的人都可以來的。」這代表著是次稽查工作的第二個奇迹）。

這天以崇拜開始，接著，在咖啡時間之後，主要的簡報會便開始。透過一個 PowerPoint 簡報，投影了圖表、地圖、統計，藉著採訪錄音，藉著摘要短講和各類型講者，透過軼事和幽默的表達，舊照片和新城市規劃，將故事講出來了。午餐時，有統計和圖表、相片在那裏展示，供人詳細閱讀，而到處都是熱烈的交談。午飯後，簡報必須完成，而各人都收到一份資料翔實、充滿色彩並條目分明，以及易於消化理解的報告。現在是時候作出回應了……

那是**第五步：簡報**（presentation）。以盡可能生動的方式，向教會和社區作出簡報，將資料送給人帶走，要放到他們的手中，也存在他們心裏。

接著，稽查進行的步驟超越了本章打算要處理的。我們一直專注於蒐集、記錄和塑造資訊和經驗，好叫教會能夠從中學習、汲取經驗，並相應調整其宣教使命。不過，值得注意的是，個人和機構
111 的轉變所要做的艱辛工作，只是剛剛開始。那天餘下的時間，教會要按著這兩點：它對福音的理解，以及對本區來説宣教意味著甚麼，來反思稽查對其所講述的一切。隨著那天而來的，是教區議會議員退修了一整天，並成立了各等小組來應對教會生活的各個方面。一個更新的方案出現了，它其實是一個五年計劃，並要求與顧問保持聯繫，在關鍵時刻幫助他們並監督進展情況。

這是**第六步：反思**（reflection）。按照基督教對教會和社區的理念，來探索稽查所得的結果（見參考文獻）。

就本章的目標而言，停在這點上、甚至在這點之前，是合適的。我們一直都在用一個例子來闡述從經驗中學習——以教會稽查鋪陳的。反思的過程，以及從反思到行動，是屬於本書稍後的篇章的。不過為顧及完整性，我們先留意一下稽查的其他階段：

第七步：規劃（planning）。為教會制定行動計劃，並使其為決策團體所擁抱。

第八步：審查（review）。定期審查，以監察進度，並按聖靈的帶領，在教會策略上作微調。

要講完這個故事是件美事。這就是所發生的事了！有趣的是，藉著在救主和聖家教會的稽查，大家徹底轉變過來。聽到東尼說：「比起我以往在任何時候所意識到的，這間教會有更誠實的信仰。」鮑勃說他的事奉已重新煥發活力。格里塔現每週一天在公民諮詢局工作。友善的懷疑論者伊恩說道：「我得向這間教會——或許向上帝——脫帽子致敬！」他現在每週出席教區聖餐禮。而在教堂的日間中心和社區食堂開幕當日，阿爾夫説：「我們希望這個地方不只是為了自己教會的小家庭而設，而是可開放給整個社區使用的。」這是由教會稽查而來的第三個奇迹。這教會開始時，是以內向的教會和上帝國度這方模型來定義自己的，現在它發現了，在福音之內的投入參與是何其廣闊，而這帶給他們充滿樂趣的驚喜。「家庭」不再是指「我們這些上教會的人」，而是指整個社區，蒙上帝所愛並蒙召進入新生命和盼望的社區。該教會從經驗中學習，參與了一場深刻的操練。

這確實是本章的主題：從經驗中學習是事奉的基本方法。這是 112
一種刻意的和有目的的活動，要求全面蒐集、準確記錄和熟練地塑造資訊和經驗。我們已提出這方法的兩個具體實例——學生實習和教會稽查。牧養循環的下一個階段是：對受審查的處境，使用適當的分析工具，來進行有系統的探索。

註釋

1. Truax, C.B. and Carkhuff, R.R., *Towards Effective Counselling and Psychotherapy Training and Practice* (Aldine Press, 1967) .
2. 對基本的聆聽技巧的出色闡述，可見於 Jacobs, M., *Swift to Hear* (SPCK 1985)。
3. 對於教會不同的「操作神學」的有用分析，見於 Dulles, A., *Models of the Church* (Gill and Macmillan 1988) (2nd edition)。
4. 「處境詮釋」這概念的詳細說明，載於 Farley, E., *Theologia* (Fortress Press 1983)。見第五章參考文獻。
5. 實習教育長久以來是神學教育的一部分，但它經歷了轉折階段，以下是它重要的里程碑。例如，它嵌入到一九七九年的「教會事工諮詢委員會」（ACCM；譯註：即 Advisory Council for the Church's Ministry；現名為「事工諮詢團」〔Advisory Board for Ministry〕，簡稱 ABM）的課程大綱中的牧養研究之內，並出現於兩份重要的聖公會研究之中：一九八七年的 *Education for the Church's Ministry* 和一九八八年的 *Theology in Practice*（兩者皆為 ACCM／ABM 的刊物）。
6. 有關這方法更全面的解釋、見 Foskett, John and Lyall, David, *Helping the Helpers* (SPCK 1989), p.139。
7. 有一份可靠的稽查表格，是由 Faithworks 製作的（詳見其網站）。其他的製作單位例如 Evangelical Urban Training Project 和一些宗派團體。
8. 有關對教會生活的敘事進路的最佳導論，可見於 Hopewell, J., *Congregation: Stories and Structures* (SCM 1988)。另見參考文獻。

8.

跨學科的運作

牧養循環的第二階段是探索，即是按照所有可得到的資訊，就我們所注視的處境，作評估和分析。實踐神學本質上是對話。它引領那些理論性和實踐性的學科，就如社會科學、神學、哲學、文學，以及其他學習和實踐的領域，進入相互交談，藉此能有助於理解和反思的過程。但這會將實踐神學推上前線，而實踐神學這樣常常活在邊緣上，是很不舒服的；顯然地，這令實踐神學失去歸屬，並被推向不同方向。但實踐神學家必須維持這種張力。

在這一章，我們會看看實踐神學的這方面：作為一門活在邊緣上並創造對話與會遇的學科。[1] 這情況充滿著富創造力的大好機會，也存在著張力和陷阱。這個主題會從兩方面入手。首先，是從學術的意義來看實踐神學的跨學科本質。在探討人類的狀態時，會動用所有人文科學以及其他領域的知識。如這個議題關乎較正規的場景，如學習小組和工作團隊、學術課堂和研究，那麼這個議題就顯得尤其重要了。其次，對實踐神學的跨專業處境（interprofessional context）給予關注。本章的重點更明確地指出，牧者的牧養活動是與其他護理專業並行的。

114 實踐神學作為跨學科的任務

亞瑟，當地自由教會的牧師，被要求去拜訪彼得和瓊——他的兩個會友。令他感到困惑的地方是，這次會面會關於甚麼事呢？儘管他已經注意到這家庭出現了某些困難的迹象。當他抵達後，話題便轉向他們正值青少年時期的兒女，瑪麗（十五歲）和湯姆（十三歲），他們十分擔心兩個孩子。似乎學校正在投訴他們的孩子的學業有點倒退，甚至懷疑他們有一些反社會的行為。瑪麗正變得害羞和退縮，湯姆則已變成好勇鬥狠。亞瑟立即開始沿不同方向探索可能的成因，他透過詢問開放而相關的問題，探索各種可能。這顯然是關乎青少年發展的問題。可能是如他們所說的「一個階段」。不過，亞瑟感到仍有更多的事情，於是，他問及他們家庭的狀況。突然，一切疑團都開始解開了。彼得失業了，被視為冗員卻沒有任何預警。瓊仍在工作，但當然現在錢是很緊的。彼得很難接受這不是他的錯，他對生活感到失望，他被剝奪了一切意義和地位。當他去求職，他遭到拒絕，他經歷憤怒和自卑的所有階段。同時，他們盡量保持體面，譬如說，教會竟無人知曉，縱使這個家庭是非常融入教會的羣體生活的。這家庭所承受的所有壓力，均從瑪麗和湯姆的行為顯露出來。

為了應對這個處境，亞瑟必須具備這些知識：不單關於個人成長、個人發展、家庭動力學的知識，還要認識工作和冗員的心理。此外，為了幫助彼得更加冷靜地檢視自己的情況，以致他不覺得自己被人輕視，亞瑟必須要了解那些衝擊著這個社會的國家經濟模式。他要幫助彼得找到能受惠於福利制度的門路，或者找到其他可以得到幫助的地方。他還必須察覺到瓊的情況，她身為母親、妻子、女性，以及現在惟一的經濟支柱。

換言之，一個單一的牧養個案直接或間接地聯繫著生活上的無數層面：從自身的層面，到國家的層面；從個人的，到複雜的社會建制的錯綜結構。亞瑟怎會應付得來呢？他不可能知道一切，或成為各方面的專家。然而，重要的是，他不僅要了解到其能力的局限
性而向他人求助，也要持續不斷地留心察看生活的許多方面，以及 115
在自己知識範圍以外的其他學科的理論和洞見。

亞瑟也有一個兒子，名叫吉米，他在神學院接受牧職培訓。這是一個為期三年的密集課程，包括頗多在工場實習時間。吉米即將完成他的課程，並開始意識到時間已經不多了。他在為牧養的任務作準備時，他感到每件事顯然都是重要的，但他根本沒有足夠的時間去處理。此外，他正逐漸發現到，一切比他所能想到的，更加複雜和要求更高。如果他真的只是剛剛開始摸著神學的皮毛，那麼，便想像得到，他社會學、心理學以及其他社會科學的光景，也必定如此。在有限的時間內所能做到的，就是對有限數量的領域作出膚淺的概覽。

亞瑟和吉米是敏感和明智的。至少他們接受這一點：即使理想總是無法達到，也需要認真對待其他領域的知識；而它們跟神學本身，同樣都是多樣化而具爭議性的。他們二人都認識一些同儕和好友，是不滿足於依舊一無所知，只反映目前流行的偏見，也就是從最新的時尚及電視的推廣中，獲得膚淺的知識並遵行無違。

探索牧養處境必須汲取多個學科的洞見。所以，實踐神學家會跟許多知識範疇對話。古諺語云：「通百藝，無一長」，是帶有某種貶意的，意即某人從一個範疇掠過到另一個，一定只能做個半吊

子或不稱職的業餘人士。這指控必須嚴正看待。若實踐神學要得到尊重，就必須被視為：不僅要冒著跨學科的危險，而且必須以負責任而嚴格的方式，為達成其任務作好準備。

壓力是因為我們要努力不懈，向跨學科挺進；危險便是因此生出來的膚淺。在「學術界」，還有其他限制：在有限的時間內，要求一個內容廣泛得幾乎不可能的課程大綱。即使是研究，也不一定可以經常按所想的那樣，涵蓋互相緊扣的領域。誘惑便是因而放棄，並滿足於二手資料。不過，這是一個絕望的建議。更好的建
116 議，是持續追求更強的本領；同時，重要的是，要提防陷阱和易犯的錯誤，盡可能避免失腳。

同樣重要的是，要凸顯並強調跨學科工作的德性（virtue）。我們生活在一個時代，當中有許多領域的知識都以幾何級數增長。有人說，專家就是「對愈來愈窄的範疇，知道得愈來愈多」。當我們還在觀看的時候，專門化又倍增了。這種威脅令知識變得支離破碎，學科之間缺乏溝通。我們需要有勇氣去將它們連接起來，並從整體去看事物。跨學科的對話，已成為必須要做的事。此外，學科之間相互重疊或彼此挑戰的地方，正正就是富創造性的洞見通常出現的所在，這是大家都承認的。因此，無需因實踐神學活在邊緣而感到羞愧，不管它是以何等卑微的方式呈現出來。或許，實踐神學家必須承受風險，被邊緣化、被嘲笑和犯錯誤，但他或她也可以是處於充滿著新的可能性、新的發現以及新的預言的地方。

不過，做跨學科工作之時，需注意三個警告：

1. 跟上時代，不斷更新

這對一個學科領域來說，已是非常困難了，更遑論橫跨數個領域。然而，資訊若是從二十多年前所修讀的課程蒐集得來的，或是

來自最新的流行平裝本，只滿足於一知半解，便不夠好了。所有領域都在不斷變化和發展。每一個學科，都會有不同學派的思想和衝突的詮釋。而重要的是，例如，要注意到一些輔導技巧的主要類型，從人文主義到行為主義；或認識馬克思（Karl Marx）、韋伯（Max Weber）、涂爾幹（Émile Durkheim）三者之間的差異，或認識宗教社會學中參與世俗化辯論的不同主要人物。

更可能的實況是，比起愜意的情況，實踐神學家不得不更多地依靠二手資料。然而，在一些特定的領域中，通常都有一些易於明白、又包含近期發展的概覽。而經常也會有一系列基本教科書正在出版。在我們正覺察到自己可能涉及的領域是多麼狹窄之時，一個良好的做法，就是在一兩個相關的範疇中，發展一些專門的知識。勝任一個特定的領域，這意味著我們更能覺察到其他範疇也同樣是多樣化和複雜的。

2. 牧養實用主義 117

實踐者的另一種危險，就是一種過於簡化的牧養實用主義（pastoral pragmatism）。實踐神學家，不論是平信徒或聖職人員，都是在壓力下工作的，他們必須定好工作的優先次序。這往往意味著，那些佔據著實踐者目前眼球的東西，支配了他或她要走的方向。這是合理和自然的，但它也有其危險性。

第一種危險，就是由牧養處境支配一切。一個女人可提出婚姻問題，而牧者只按表面現象來處理這問題。然而，我們可能需要一個更廣闊的視域，才可克服這個的問題的限制。例如，那可能是虐待的問題，或可能是隱藏在這故事裏的文化因素。因此，重要的是，牧者要不斷深化和擴大資源，從而使工作得以開展。

同樣，大部分牧者都擁有一定程度的技能和經驗，但這些技能和經驗可能非常有限，有時更不甚適切。或許，值得考慮的做法，就是要意識到其他進路和觀點。例如，即使我們可能經常面對與哀傷相關的議題，但以哀傷為基礎來處理所有有關生離死別或損失的個案，是沒有用的。

或許，最大的危險是帕蒂森所稱的「一種開朗折中的進路」（a cheerful eclectic approach）。實踐者像喜鵲般，收集來自各方的寶石，無論在哪裏，只要能引起注目便成了。使用一個看似可行的工具，總會有其理由。不過，如果說這是對該問題所提出的決定性意見，就是另一回事了。還有一些參與牧養的人，似乎容易受誘，接受那些兜售最新學派思潮之人的奉承；他們對這些新思潮不加批判，便熱烈擁抱。此外，折中者也有可能把一堆零零碎碎的奇怪收藏品組合起來，但這些收藏品根本是不適合放在一起的。折中者會這樣說：「甚麼吸引到我，我便會使用。」這種做法是不好的。

一些教會增長的文獻都有採用這種進路的例子。人類學、社會學、社會心理學和羣體動力學（group dynamics）的倉庫被挖取，挪用在教會如何和為何能夠增長的獻議上。但有時，特別是一些比較流行的「動手做」（hand-on）的資料，可能並沒有參照其他看法，也沒有對所用的資料加以批判分析。其結果有時候是關乎人類存在的一種二維觀點——這二維觀點被看為是「偽行為主義的理論」（pseudo-behaviourist theory），而這理論其實是一種機械論的技術（mechanistic technology）形式。重點不在於我們不應該進行這樣
118 的研究，也不在於有很多結果是沒有趣味和沒有用處的，而是需要對所完成的工作的局限性有更大的覺察。若要把有價值的洞見提升為全面的理論，卻未經任何批判，是不可能的。

3. 虛假同化

跨學科的對話處於實踐神學的核心，可以是具挑戰性和令人興奮的，它開啟了各種豐富的可能性。這種對話的最重要面向，當然端在神學及其伙伴之間的、主要是社會科學。這種對話正是本節的焦點所在，可其指出的原則是具有普遍意義的。重要的是，於此，我們也應該小心其陷阱和危險。

首先，一個最普遍的錯誤，就是忘記，忘記必須將相似的跟相似的作出比較。太輕易從一種論述，滑到另一種，卻沒有意識到其中的過渡；或者，假定兩種論述對相同的事物都使用相同的語言。例如，可以從神學和社會學來討論教會。作為上帝子民的朝聖者，教會按其跟上帝的關係，理解自身為存在於歷史中的一個實體（reality），因而並不完全，正等待著終末性的圓滿終成。因此，教會的自我理解會帶著神學的涵義，而這些涵義是獨立於教會的社會現實的（social reality）。此外，教會的自我理解本身，還有一個倫理向度：教會在其對社會的宣教使命中應該如何行動。不過，就社會學而言，教會是一個支離破碎的、身分不明顯的分散實體；它陷入了民族、階級和文化衝突之中。甚麼才值得考量？實在難以定奪：是體制結構？是靈性和禮儀？還是自稱的信念？神學所提供的對現實的描述，是按其與上帝的關係來理解的；而社會學則試圖為人類行為的模式，找出經驗上的和歷史上的意義。

然而，說我們對相同的東西有兩個平行的「故事」，而且還可再加上其他東西，如心理學或人類學，這種說法是不足夠的。二者確實是指向同樣的東西；但與此同時，二者也提供了解釋。它們雙方必須彼此對話——因為他們能彼此啟發，並對任何可能有關教會的終極真理，作出貢獻。這種對話在時間終結前不可停止，但與此同時，它將是一個豐富我們的理解的途徑！社會學能告訴我們宗教在社會中如何實際運作，這可能擴大或矯正我們的神學理解。同時，社會學家能夠認識到神學所指向的現實是有內容的，對社會學看宗教的方式而言，這是重要的。然而，這樣的對話必須是謹慎和有耐心，開放而相互批判的。

其次，不管這樣的對話如何，總有變成不平衡的危險。其中的一方會有機會篡奪另一方。神學在其尋找信仰的理解中，經常與伙伴合作。在現代的神學中，典型的伙伴便是哲學和歷史。最近，詮釋學和馬克思主義的批判理論亦跟其他社會科學一起被採用。而經常出現的危險是，將批判工具強加在神學的世界之中，並將神學加以操控。

經常有人指出，許多現代的牧養關顧，已將其神學內容交給人文主義的心理學、榮格學派心理學（Jungian）或其他心理學的假設了。或許，一個典型的例子，便是田立克認為因信稱義接近等同於存在主義心理學（existential psychology）的某些方面。事實上，在我們所引用的學科的理論假設與基督教傳統之間，真的是可以有不相容（incompatibility）的危險的。它們可以是同牀而異夢。有些甚至走得更遠，如貝拉米的評論；他在討論一些來自世俗背景的牧養輔導理論時，說了以下的一席話：

> 要用人文主義的心理學作為基督教處境下的輔導的基礎，是不可接受的。它是與基督教的基本信念和做法相違的。[2]

我們必須作出重大的區分。某種形式的社會科學，可能或多或少能夠跟基督教觀點調和，與其他形式的社會科學相比，它們是神學更好的合作伙伴。而在其他地方，將分析社會的工具與其形而上理論分開，是有可能做到的。這正是解放神學在運用馬克思主義的分析時所宣稱的——這宣稱仍在激烈爭論著；同時，對話仍在繼續。

第三，有一種相反的趨勢，就是否定社會科學的合法性，以神
學作為主導或惟一的伙伴。其中一個好例子就是亞當斯所說的聖經 120
輔導。他聲稱，關於輔導的目標和方法，聖經提供了一切必要的。他將所有輔導約化為道德和懺悔。然而，這卻跟斯金納（Burrhus F. Skinner）的行為主義療法（behaviourist therapy），異常相似。再一次，這例子有的是獨白而非對話。當然，神學有其恰當的位置。正如我們所提出的，傳統的權威——以聖經為其核心——擔當了合法和關鍵的角色，沒有它，實踐神學不再是基督教。然而，神學的帝國主義（theological imperialism）並不有利於它跟其他學科作出富創造性的對話。

跟同儕對話

實踐神學的對話本質的其他表達方式，就是如何跟那些與我們共事的人相處。這可深深體現於牧養與其他護理專業之間的關係。

西莉亞是一個來自本地神學院的實習生。她不是神學生，但委身於牧養活動，並決定裝備自己，取得牧養資格。她被安排到一間大型社區中心做社區工作實習，那是由一處古舊的維多利亞循道宗教會所營運的。社區工作者都由地方當局所委派，但許多活動都跟教會相關，由教會成員運作。這是一處繁忙而具價值的地方。當地護理專業人員會定期舉行午餐聚會，每月一次，當地學校的社區聯絡專員和警察、社區衛生工作者和一些神職人員也會參加。對西莉亞而言，這些活動全都是令人興奮的和有價值的，因為這使她更接近她所喜歡的那種工作，和更接近那些有機會成為她合作伙伴

的人。

不過，她也迅速學會了一些關於跨學科工作的東西。第一，是備受認可的專業的重要性。她正在考取的資格，無論多有價值和多適切，卻沒有多大分量，因為在小小的圈子之外，它不會受任何人認可。她需要取得另一個資格，才會被接納為具備專業能力。事實上，這正是她學院目前所關注的，學院正試圖確保她的學位課程能得到國家的專業認可，使她能與公共部門的同儕具有同等資歷。此
121 外，顯然人對神職人員有奇怪的看法。他們是同儕，還是業餘的？得到尊重的人，既可以是在之前已獲有專業知識的人，也可以是願意服從他人的人。不過，各專業之間也有相當大的競爭。各專業都有自己的文化和期望，界線是劃得非常小心的。小圈子以外的人會受到懷疑。然而，也有很多真摯的關懷和無私的服務；人試圖在非常困難的條件下，去做值得做的工作，並與那些幾乎不可能嘗試如此行的案主一起工作。西莉亞滿心欽佩。

西莉亞在學院的導修小組會議上重述這一切時，她發現斯圖爾特提供了另一個有關跨專業工作的例子。他曾在本地的教學醫院實習，並跟院牧團隊開了一次會。其中叫他著迷的，是資深天主教院牧與最年輕的隊員——一位貴格會（Quaker）的平信徒女士——之間一場明顯的衝突 。天主教的院牧視他的任務為醫治團隊的一部分。這家醫院，包括院牧，在那裏都是為了病人的福祉。在醫療關懷的過程中，他們各自扮演了明確的角色：醫生、護士、社工等。院牧關心他的病人的靈性福祉，這是他的專長和權威。每個專業人士都堅守其任務，這樣人人都知道自己的位置。然而，那位貴格會的信徒，她看到牧養任務中一些可以互補的向度：病人可擔當的醫治工作，工作人員、醫療支援人員和行政人員的牧養需要；以及，再一次，該機構本身的結構性需要——它的價值觀和目標、它的

待人之道，以及追求效率和維持健康財政的壓力。這一最後的觀點認為，院牧部遠非單單是系統的一部分，它更應在此作為一個「外人」（stranger），伴著系統，並跟其對話。因此，它不應擔任任何正規專業架構內的職務。西莉亞和斯圖爾特的這些報告，引發小組討論有關專業主義（professionalism）的本質和重要性的問題。

現代社會已見證著一種趨勢，就是愈來愈專業化。幾十年來，不同團體都希望確保自身的身分和價值，提出要求確立專業或同儕工會的地位。這正正表達出，技術不斷創新和專門化。今天，可以看看招聘廣告，當中幾乎每一件事都是與聘請專家有關。近年來，儘管試圖縮減專業和工會所制定的種種規限，專業化的趨勢還是在 122
持續。

一個專業或相類似的團體，是在有保證的培訓、專業知識和行為準則的基礎上，向客戶提供服務的。這由嚴格的入門條件和內部同儕的紀律來把關。這有明顯的優點。客戶知道這些團體所提供的服務是達標的。專業人士有一個可供行銷的專業資格和合議式架構（collegial structure）。因此，嘗試獲得這樣的一種認可，對許多人來說，都似乎是可取的；而近年教師、社工及輔導員都在追求這種令人嚮往的資格，並且取得不同程度的成功。

然而，神職人員的處境有異。他們曾是傳統專業的一員，與法律和醫學並列。在過去的兩百年，他們也逐漸具備了許多現代專業的特色：牧者被視為宗教專家，提供特別的服務——主要是宗教儀式，連同牧養/靈性指導之類的服事。但這種模式卻不太完整。跟法律和醫學不同，神職人員從來沒有成為一個「硬」（hard）專業。這是由於一系列複雜的原因所致，包括現代社會中宗教的角色起了變化。因此，神職人員總體上從來沒有成為一個只雇用某工會會員的組織或嚴格的紀律團體。

與此同時，特別是近幾十年，出現了對宗教觀念的轉變。現在，社會是多元化的，宗教只是眾多相互競爭的選項中的其中一個選擇而已。其次，宗教被視為是個人的私事，而不是公共領域的一部分。基督教與社會逐漸分開。神職人員，特別是聖公會教會的聖品，發現自己愈來愈不是公共接受的人物，而愈來愈局限於服務教會羣體。

專業化的議題

這兩個因素共同製造了神職人員的真實難題，而這些難題圍繞著專業性這議題。

i. 第一種回應，是堅持牧職的專業化。這種回應的強處是神學性和牧養性的。採取這一立場，將會強化一種趨勢：視牧職任務
123 是為那些尋求專業服務者而設的——而這些人在基督信仰羣體內，愈來愈多。然而，這也是那些想要在世俗社會中維持牧職的公共向度的人的一個選項。其中一個例子便是斯圖爾特的天主教醫院的院牧。全職院牧於醫院工作的薪酬，是由英國醫療保健服務支付的。在這樣的一個位置上，院牧要建立他或她的可信度。一個顯而易見的方法，就是將院牧置放在其他專業的旁邊，並輔以適切的本領，便即將成為醫療團隊的一員。最近，醫療保健服務已加強了這種模型，這使得院牧沉迷於評估和成本效益。事實上，醫院院牧跟隨軍牧師一樣，是有著明確的專業身分，是他們自己的機構所認同的。

ii. 不過，第二種進路朝著相反的方向而行，並質疑神職人員的這種專業模型的合法性。於此，我們無意否定神職人員需要高水

平的誠信或才幹；這裏要問的是，到底宗教只是人類生活的其中一面，跟其他多面並列，還是它是與活在上帝之下的整體生活有關的呢？若是這樣，牧者不能被捲進專業架構之內，亦應該不為所有人類的體制所約束；他是擁有先知的自由和擔負著真理和公義的責任的。在院牧的範疇內，這觀點可由如下的想法來代表：視院牧為逗人歡喜的小丑。[3] 他或她是該機構的一部分，但他們在其中有點特立獨行，他們自由自在地去提問題，使人放鬆，建立橋梁。宮廷小丑是令人喜愛的角色，也是別人的笑料；雖為國王所御用，卻孤形隻影兼遭邊緣化。這個角色不是最易扮演的一個。另一羣會這樣做的人，就是「工牧」（industrial chaplains）。他們不是由資方委任，而是經談判介入的。除了他們所成功爭取到的，他們並無任何地位。

iii. 面對專業化的議題的第三種進路，是認識「代表人」（representative persons）的重要性。這帶領我們回到在公共領域中的牧職這一點上。不論是醫院院牧，還是工牧，都是一些在世界上將自己作為教會代表的例子。他們的例子，主要是向世俗社會見證並確認基督教信仰的價值。然而，壓力是要找尋工作的範疇，而在這工作的範疇中，他們的專門知識是受歡迎 124
的，使得他們可以以具體的方式來證明自己的存在是合理的。因此，院牧被選派進倫理委員會，而工牧就參與培訓學徒的課程。尋求相關性及適切性的要求經常存在。其他人可以採取的形式（在美國會比英國更多）則可能是提供專業輔導，或參與教育或其他社區活動。有些人則為了消解教會和世界之間的張力，只好以投身社工界、教育界或醫療保健服務的職位——世俗的職位——作為事奉的工具。

這三種對牧職在當今世界角色的回應，彼此往往互相擠推。少數人會以絕對的方式來解決這問題。而大多數人意識到，在信仰羣體內的忠心和服事，與在世上作見證和服事的召命之間，存在著不能避免的張力。於此，牧者所要活出的，只是每個基督徒在某程度上所經歷到的。

然而，無論在實踐上這矛盾將如可應對，牧者終究是處於一種合作和對話的境況中。在傳統的鄉郊地區，教區牧師、醫生、教師、警察和護士往往是一個非正式的團隊，雖然他們每個人都有自己的特殊任務，但他們走在一起為社區服務。在一個人口較稠密和較複雜的處境中，如貧民區或公共屋村，這樣的聯盟要刻意建立。無論是通過正式的定期會議，還是非正式的日常個人接觸，真正的跨專業合作和學習是可能的。

這是實踐神學的跨學科工作的一部分。這就是為何許多課程都堅持在護理機構中進行某形式的工場實習。這對能學習更多涉及牧養關顧的技能而言，是很寶貴的。而同樣寶貴的是，這也是一種稍微認識其他專業文化的方式；體會法律和專業的限制；探索實踐背後的哲學和態度；學習並弄清一些專門術語；看看他們如何看待別人，包括神職人員；並知道各人可向別人期待甚麼。同樣重要的是，在其他領域上，要覺察當中有甚麼事情正發生在同儕的身上：裁減冗員的威脅、新法例的效果、資源不足的壓力。這是一個持續
125 學習的過程。將時間花在會議、委員會和一起同工上，一點都不浪費。這是在創造有效的合作。

然而，放在神職人員身上的恆常壓力，來自護理和其他社會上相關的專業。第一，教會連同神職人員一起，仍然是其中一個最重要的社區羣體；而按他們的定義，他們是致力於關懷和服事的。這意味著，當教會尋找盟友時，其他專業人士會轉向教會，特別是以

牧者作為公眾代表。這彷彿所有的社會關注，都必須是由那些往往非常捉襟見肘的基督信仰羣體來承擔。第二，通常會有一種期望，就是期望神職人員應該跟專業的伙伴，在完全一樣的領域上都是同樣專業稱職的。接到社區護士的來電，牧者來到一個垂死病人的牀邊，即使他有能幹的牧養技能，也不必帶著從其他護理專業而來的所有信心，步進這個處境。牧職是豐富多姿和範圍廣泛的，而個別的牧者，可能會在牧養輔導以外的其他範疇，更加勝任。有時，人會覺得其他專業人士會模仿《窈窕淑女》(*My Fair Lady*)的對白說：「但願神職人員更像我們！」

不管如何，教會的首要任務是服事上帝的國度。無論是會眾，還是牧者，無論他們有沒有服事世界，教會擺在首位的，不是遵從世界所期望的專業能力，而是成為那些服事基督並奉祂的名在世上給予服務的人。因此，必須做的是要保持平衡，一方面要回應合理的要求和期望，這些要求和期望是從那些希望使用教會作為資源的人而來的；另一方面，要滿足上帝子民要表達其獨特見證的正當需要，而這獨特見證是關乎構成世界真正希望的東西。

註釋

1. 另見 Pattison, Stephen, "The Use of Behavioural Sciences in Pastoral Studies," in Ballard, Paul H., *The Foundations of Pastoral Studies and Practical Theology* (University College, Cardiff 1986), pp.79 ~ 85。
2. 載於 Ballard, *The Foundations of Pastoral Studies and Practical Theology*, p.95。
3. 見 Faber, Hije, *Pastoral Care in the Modern Hospital* (SCM 1971)。

9.

神學反思

這是週二的早上。小聖瑪麗教堂（St Mary-the-Less）的同工團 126
隊零零落落地從聖餐崇拜回來，一同聚集開例會。例會流程通常都一樣。開始時，他們查考主日即將誦讀的福音書經文，接著，他們檢視未來一週的教區日程。然後，他們討論一些引起更廣泛關注的問題，例如關於政策的問題，或特定項目的計劃，然後是分享牧養事宜，交換資訊，而散會後他們會著手工作。這些會議，幾乎總是會激發一些寶貴的討論，引領大家走向更廣大的神學牧養場域，但卻仍紮根於該教堂實際的牧養現實。

有時，激勵是來自查考的經文，為教會生活的一個議題或難題，帶來新的亮光。在其他時候，關於教會計劃的討論，會與之前誦讀的經文產生共鳴。又或者，有人會提出某君在上個主日的講道中所提及的一個爭議點。或者，有人會評論聖詩的選擇，而同工們很快便會進入一個對聖詩神學和現代詩班的觀點的交流之中。可能性是無窮無盡的，而這些討論本身十分有趣，同時也意義重大，形塑著教會生活中的思想和實踐。

這裏所發生的是神學反思。這是牧養循環的第三階段。開始時，讓我們著眼於我們正要處理的處境的偶發性，之後，我們繼而從其他相關學科的角度，檢視和探討所引發的問題。我們現在來到
127 實踐神學事業的關鍵核心，乃是關乎對處境的神學反思，以便看看它在上帝的宣教使命中的位置。這個看似難以捉摸的活動，其實不是深奧的事件。它只是將牧養的實踐跟神學的資源放在一起，讓它們作出互動，為要指導我們下一步的行動。小聖瑪麗教堂的同工隊伍，或是從「神學」(下個主日的福音書宣讀)、或是從牧養的細節(計劃或人事的討論)開始。他們帶來了其他學科有關思想和行動的知識和經驗，以及他們的自我認識，並從這些不同元素的「批判性對談」，帶出我們稱之為「神學反思」的活動。

這樣的反思，問題不在其稀有，而在於關鍵時刻缺乏精確度。基督徒經常作神學思考，無論是粗淺或複雜的方法，他們的討論始終會顯露出某種神學立場。反而，問題是，這樣的反思很容易流於非批判性或缺乏重點。神職人員似乎忘記了神學院所教授的嚴格思考方法，不知不覺陷入欠缺反思的實用主義之中。他們還忘記了受按立的牧者或教會領袖的一個關鍵任務，就是促進更多理據充足的神學辯論，好讓教會被引導進入一切的真理(約十六 13)。因此，神學反思是牧養的關鍵藝術之一，既要將其實踐出來，又要將其教導別人。到底，它不過是使神學跟生活和牧養連接起來的一門藝術，好讓福音的真理活起來。

神學反思在實踐神學中的位置

我們已經把實踐神學界定為：對教會在自身生活和社會生活中

的行動所進行的神學反思事業。它取材自信仰的行動，過於信仰的語言。由此可見，神學反思是處於實踐神學的本質和任務的核心。那是神學跟正在審視的經驗或行動交鋒的關鍵時刻。

我們還看到實踐神學的踐行進路，如何常涉及「牧養循環」的某些版本：

- 牧養事件的特殊性，不管那是痛苦的喪親探訪、充滿爭論的學校理事會，還是社區工作人員的請辭；
- 探索；動用其他學科的洞見，來照亮特殊事件的背景； 128
- 牧養循環的反思時刻，在此試圖以神學傳統來了解事件；
- 行動；循環的成果是以積極的形式表達出來的，作為教會要不住努力的使命的一部分。

這牧養循環是一個從經驗中學習的基本方法，同時是由神學和相關的社會理論所充實的。在反思的階段，它包含了實踐者將經驗關連到神學的關鍵時刻。他要把經驗的深度和複雜性，以及從基督信仰的遺產中所獲得的洞見，放在　起，好使他能在這個處境的眾多偶發性之中，發現上帝的臨在和行動。這就是神學反思了。

神學反思的方法

這裏要掌握的一個關鍵是：以下所述的各種神學反思的方法，是對應著第五章所展示的幾個實踐神學模型的：應用神學、批判性關聯法、踐行、習性。在那章並在第六章，我們的宣稱是：牧養循環（實踐神學的踐行進路的特徵）確實提供一個統一的方法，其中各模型可以以其最好的特點來作出貢獻。這個「經驗—探索—反思—行動」的循環所提供的思考框架和行動方式，是顧及到所有實踐神學進路的見解的。

因此，不足為奇的是，在實踐神學的關鍵時刻，即神學反思的時刻，並不是所有用法都是基於踐行進路的，他們許多方法都是取自實踐神學的其他模型。當來到反思的時候，方法就可能極其豐富；而在這一章，從頭到尾，讀者會注意到我如何將各種模型的強處發揮出來。因此，我們將第五章所概述的所有實踐神學的主要進路的意涵，一一淘取出來。

當基督徒嘗試對實踐議題和事件進行神學思考，他們會採用能
129 吸引他們的方法；其中有複雜的神學原因、氣質原因和文化原因。一個高度分析的進路，運用了邏輯推論和批判性的評價，對於那些傾向於更多以本能直覺層次來做事的人來説，這進路沒有多大吸引力；一個愛講故事和用比喻思考的人，是不太可能要他自律地做牧養會面的逐字記錄的。文化因素也會發揮作用。一個非洲的處境下，可能意味著原住民基督徒對超自然和宗教事物更有感覺，對社羣和人羣的和諧更有感覺，在基督徒的崇拜和生活中會更有象徵和有更多慶祝活動。[1] 他們的神學反思會反映出這些信仰特色。一種不同形式的神學反思，很可能會吸引某些西方人，他們是在批判性思維和分析性觀察這種後啟蒙時期的氛圍中成長的。因此，重要的是，要察覺到有關實踐的神學思考的廣泛的可能性。

線性進路：應用神學

神學反思的最基本形式，是以線性模式來運作的，即基督徒問：有甚麼聖經材料——敍事、教導、比喻、法典（law-code）、詩歌、先知預言——似乎特別跟正在審視的處境相關？當一個連

接點建立好了，聖經的智慧和權威就對當下的議題給予必要的洞見。不只是聖經，基督信仰的真理的其他來源也可以使用：例如，教會的教導，或系統神學的模型。總之就將既有的智慧權威直接應用到正在考慮的處境之中。

教會理事會正討論如何應對已離婚人士的問題。聖經中耶穌的教導似乎對離婚是沒有妥協餘地的：除非因配偶不忠，第二次婚姻將被視為通姦。理事會中，有少數人認為聖經的材料是遠為複雜的，但教會決定採納經文字面的意義，設法應用，並以最大的同情和鼓勵，對待那些可能會受到傷害的人。這政策不是要去論斷別人，而是給予基督的饒恕，對使用「公證結婚」（civil marriage）儀式締結的婚姻給予強而有力的禱告服事和支援。

另一項教會想要開展的事工，就是負責任的醫治事工。主任牧
師召集 個核心小組，包括一個醫生和一個心理治療師，跟他們一 130
起訂定策略。他們的第一個任務就是研究聖經，檢視一下當代的醫
治事工有甚麼聖經支持。滿足了這一要求之後，就設計一系列講章
來讓會眾參與，以及跟大主教的顧問進行一次週末會議，探討這醫
治事工。當弄清楚聖經的理據，並諮詢過合適的醫療人員後，工作
便展開了。

這種進路的強處是具吸引力。方法明確，植根於千百年來聖經或教會的權威。它切中教會潛在的逃避和妥協態度——想與轉變中的文化尋求一種過早的和解——它將從啟示的信仰而來的一貫規範，應用到當代道德辯論的相對主義上。

不過，這種進路可能假設了一種在傳統和實踐之間的過於簡化的關係。它不僅可能忽略了上帝在歷史中的持續自我啟示，也可能忽略了上帝創意地在其他學科如心理學或社會科學中工作的可能，其實在那裏也有可能發現真理。它有一種危機，就是在詮釋聖經

時，由聖經的「視域」跳到當前的處境，這對當代社會秩序所作的其他描述的複雜性，並沒有以足夠的認真去看待。這種進路的極端形式，甚至可能無形中將上帝置放於一本書、一間堂會或一個演講室之內，以及無視信仰所確信的。從我們所確信的信仰中，我們會發現，上帝其實正在現代世界的含混和鬥爭之中工作。

關聯法

雖然神學反思的線性進路，可能直截了當，並具有悠久的歷史，但關聯法在較近期的神學討論中，已愈來愈常見。正如我們在第五章中所述，田立克在一九六〇年代率先到入關聯法，為神學提供一個向當代辯論發言的方式；他的方式是：藉著確定當代人的需要和關注的問題，然後尋找可以跟這些辯論所採用的語言互動的神學。[2] 田立克最常用到的對談伙伴是所謂的「深度心理學」（depth psychology），而現在對此已有一絲過時之感。不過，這種進路已由特雷西和其他實踐神學領域的作者作出改進，以致有「修正關聯
131 法」（revised correlational method）的出現。這修訂版的關聯法，將受審視的處境的獨特要素、可為此帶來亮光的人文科學或其他資料，以及最直接相關的神學，引進到一連串批判性的對話中。[3] 這樣的討論生出理解，然後導致行動。

1. 個案研究

神學反思的其中一個有效的關聯法，就是有紀律的個案研究。於某些形式而言，這種進路幾乎可以是牧養循環的一個縮影，而在這一點上，揭示了踐行和關聯法之間實有相當的重疊。

有一組學生，在研討會之前，他們其中一員向大家作簡報，那

是一份兩頁的記錄，關於他生活經驗中的一樁重要事件。記錄談及他跟一名男子的相遇，這男子無家可歸和有精神問題。個案研究以書面形式簡要地描述這些事件、分析所涉及的社會和心理因素、引用適當的神學主題，以及對這種處境下學生的行動作出評價。學生有十分鐘時間去回答有關事實的提問，然後保持沉默，讓其餘的小組成員參與討論，激發新點子、回應、神學和批判。神學的討論圍繞著社區和責任的議題。他們考慮到馬可福音五章那個被鬼附的男人，以及結構性的罪——是社會往往幾乎不知不覺間所容忍的。他們談到慈善工作的限制，以及按上帝的形象受造意味著甚麼。一個小時後，那學生回應剛才的討論，評估當中所引發的點子，並表示他在下一次可能會用上怎麼不同的做法。

這個進路的價值是：它讓學生和他的友輩抱著一種嚴謹的態度。明確而具紀律的進程，意味著過程中沒有階段是過於倉促的，並鼓勵大家作出坦誠的討論和批評。學生的沉默，儘管困難，卻非常重要，因為它阻止了一問一答的方式或自我辯解的形式出現，而是容讓一個開放的反思過程能夠發展起來，讓所有人都可從中學習。

當然，個案研究方法或多或少涉及一定程度的人為性（artificiality），它將反思幾乎放緩至蝸牛般的步調！不過，這種反
思方法的價值，於使用之時便會漸見明顯，並可能會使得學生或 132
實踐者的腦裏保留著一個殊例，是關乎牧養上重要的普遍做法的（general practice）。在最初和持續的神學訓練中，這個過程是有相當的價值的；如果一個教會的同工隊伍能叫自己認真對待這個過程，與看待特定場合的做法（occasional practice）無異，那麼，當中的益處通常都顯而易見。最重要的是，它令學生和傳道人留下印象，使他們知道甚麼才是重要的：重要的是對牧養和教會使命作神

學思考，而非從習慣或偏見來作出行動。

2. 蜘蛛線圖

這進路是一種書面形式的腦激盪。它依賴思維的能力，將橫向與縱向連結起來，啟發人，使看到當中的關連的可能性，而這些連結，是他們最初沒有想像到或意識到會存在的。這是一個很好的方法，可以開啟辯論，或用最新的資料來促進反思。

小組花了一週的時間，聯繫各個於種族關係領域工作的機構。他們有一個非常大的原始資料庫，包括他們聽到的故事、他們所得到的印象、正開始縈繞心頭的神學主題。為了啟動反思過程，並找出關連，小組再被分成數個細一點的小組，所有細一點的小組都有一些大塊的紙張和氈製粗頭筆。他們的任務是先確定一個關鍵的神學概念，似乎是可作為他們這一週的經驗的中心的；而這些概念可以從「上帝的國度」到「耶穌基督的位格」。主要的關注可寫在一張紙的中間，然後由此開始，畫出了一個相關議題的蜘蛛網——交談的片段、聖經故事、社會因素和歷史因素等。然後，他們著手用線條和圓圈來將這些構思連接起來，嘗試看看這一切資料的輪廓，看看有甚麼神學是適切的。當所有小組聚集在一起，並分享他們的睿見，討論便能相互啟發和令人驚訝，因為他們從均已走過的共同經歷中發現了新的深度。

這種進路的價值，不僅展現於集體反思，也展現於個人監督，甚至展現於單獨工作上。一張紙的客觀性和視覺的衝擊力，使反思能夠清晰地呈現出來，而這不是可以經常出現在「言語的黏滑泥濘，說話含混的雨雪冰雹」之中的。[4] 這種進路認真看待處境的豐富性，並對任何資訊以及來自其他相關學科的洞見所作出的貢獻，保持開放。

然而，任何關聯法進路的神學反思都要面對的問題是，它可能 133
缺乏標準：對在交談中的不同資訊的來源，權衡彼此輕重的功夫做得不夠多。縱預先假定了聖經或傳統對基督徒有規範性的地位，但這又可如何評估呢？於此，我們必須面對怎樣負責任地處理經文詮釋的問題。聖經是藉著許多人、歷經許多年、在一個遠離我們的文化中寫成的。我們如何詮釋這一系列陌生的文獻呢？我們聽到上帝在不同時間向教會説話，並透過教會去説話，但詮釋上帝的話語該有甚麼限制呢？當其他學科，如心理學、社會人類學、歷史學、文學和其他學科，對真理和智慧的宣稱似乎從四方八面湧至，並對不同的「真理」都加以肯定，那麼我們該如何評價經文的見證呢？

舉個例子，衡量聖經對同性戀所説的話，又有多少要分給那些來自科學和文化研究的又多又亂的見解呢？ 因為利未記和羅馬書的教導，而拒絕所有科學和人類學對這課題所説的話，是何等愚蠢的行為；但義無反顧地接納最新科學研究的宣告同樣不智，是將神學反思任憑科學辯論支配。這些問題是關聯法進路的神學反思所引發的。

踐行進路

至今，讀者看到這些對神學反思的不同進路，如何反映出實踐神學的幾個主要模型。到目前為止，我們已見過線性和關聯性的模型，現在我們要面對以踐行作為框架的模型了。當然，這種平行性是可預期的，因為神學反思處於實踐神學的核心，是關鍵的神學時刻。然而，正如我們在前面的篇章所見，實踐神學不只是神學反思，它同時是牽涉眾多學科的，以及是一個帶著神學嚴謹性來看待教會生活和行動的一種方法。雖然如此，實踐神學和神學反思之間

的關係是如斯密切，堪與父母與子女之間的關係作類比——一方從另一方得到呼應。實踐神學是父母，其最佳（和最差！）的特點，
134 均可見於神學反思上。一方面，它有能力使神學活潑起來，另一方面，它又會有令人沮喪且不精確的傾向。

因此，反思的踐行進路，是要借用本土和政治神學的解放觀點的，特別是牧養循環。它們特別將人類的經驗和聖經神學維繫在一起，形成一學習的結構循環。

1. 聖經工作坊

當戴維斯（John Davies）任伯明翰「耶穌升天學院」（College of the Ascension）的院長時，他開發了一種方法，使形形色色的基督徒在從信仰的角度來處理其生活和經驗時，能帶著適度的自信來運用聖經。[5] 聖經工作坊（Bible workshop）把經文和人類生活的偶發性維繫在一起，經歷一個相互照明的過程。

戴維斯稱我們為「第二基督徒」（second Christians），因為我們跟「第一基督徒」（first Christians）的問題不同。例如，跟初期門徒的問題不一樣，我們的問題不是以猶太聖殿聖職人員（為遵守猶太律法而來）的投訴為中心。按這樣的理解，那些為新約的寫作而作出貢獻的男男女女，也是「第二基督徒」。他們成功的佈道工作，以及對聖靈的鮮活體驗，均帶來了不少問題，有待他們解決。他們面對有關領導、教會紀律和基督徒蓄奴的難題。因此，我們要如他們那般，就是必須反思我們自己的經驗，將之跟耶穌的故事關連起來，並從中找出訓令，以決定我們在當代社會中應有甚麼新行動。

聖施維德教堂（St Swithin's Church）正在經歷變化，並因此產生了焦慮。他們正在考慮轉到一種「關懷在社區」的事工模型，服事有需要的人：一個敞開教會大門政策，使教堂成為整個社區內各

類團體的資源。因此，他們選了家庭組的經文來幫助人去反思這個
事工模型：馬可福音五章 1 至 20 節 ，格拉森的豬羣。首先，他們
慢慢地並靜靜地閱讀**故事**，試圖進入其中。然後，他們被問到：
按他們的經驗，他們可立刻看到甚麼「**快照**」（snaps）？有甚麼第
一印象、快相？在這事件和他們的恐懼、困惑和憤怒之間，有甚麼
能使它們之間快速連結的呢？這應該還不是一個已經想得清清楚楚
的和神學的回應，而只是即時和本能的反應。然後，他們開始**學** 135
習，嘗試認真地按經文本身的場景去理解它，翻查註釋書和地圖。
接著，小組從迄今所做的工作中搜尋有用的**副產品**（spin-offs）。
聚焦的問題如：「既然要診斷在格拉森誰犯了錯或有甚麼地方出了
錯，是如此困難，那麼，我們如何能在教會中診斷出有甚麼地方出
錯了呢？」「實際上在格拉森有多少人是『被遺棄者』？我們現在有
不同的觀點，那麼，在教會內醫治的真正代價是甚麼？又由誰來付
呢？」此刻，這些有用的副產品引導人作出決定，決定在當下處境
中要做甚麼？——新的「福音事件」（gospel events）。

這種進路需要各種不同技能：選擇恰當的經文而不操縱；領導大家以有紀律的方式來完成整個過程；提供適當的資源，使焦點不集中在那些告訴小組甚麼是「正確」的「專家」身上。不過，若能明智地遵循這種方法，它會變得直截了當和非常有價值。

另一種「聖經工作坊」的做法是這樣的：一個小組正試圖處理教會中的一個潛在分裂，這分裂出現在那些強調基督子民的積極社會責任的人，以及那些強調禱告仰賴上帝生活的人之間。所選的經文是路加福音十章 38 至 42 節，關於馬利亞和馬大。故事講得非常生動，小組聽完後，分成三組：代表馬利亞、馬大和眾門徒。接著，再次閱讀這個故事，眾小組今次要討論的目的，是要以第一人稱，按所設定的角色討論自身的感覺，而有甚麼事情是他們想告訴

其他人物的。然後讓三組參與者有機會進行開放式對談；而他們在其中感受特別深的議題，應能於對談中有力且清晰地浮現出來。離開角色後，該小組作為一個整體，就可以開始帶著更大的情感和知性的參與，來了解教會所面對的議題，並決定採取甚麼適當的行動以彌補裂痕。

近年來，人發展出各種各樣的參與式聖經研讀進路，並加以出版刊行。要小心的是，研讀的新穎性不會為不合適的詮釋方法打開大門。例如，詮釋者不應在當代的困局和聖經故事之間，作出過度簡單的平行對比，而不首先好好理解故事最初被納入聖經正典時，它是甚麼意思。同樣，詮釋者應避免將每一個現代議題，約化為浪
136 子故事的不同角度！然而，參與式的聖經研讀的能力和吸引力，是毋庸置疑的。[6]

2. 解放方法

從解放神學的觀點，產生了一大堆神學反思的方法，其複雜性各有不同。謝根道（Juan Luis Segundo）採用的詮釋循環，是從一個特定的處境開始，從而引出目前的問題；這些問題被放到傳統的啟示內容上，但經過一連串的提問後，傳統的啟示內容提供一個能啟發個人和社會處境的回應。[7] 帕蒂森的《牧養關懷與解放神學》（*Pastoral Care and Liberation Theology*），[8] 側重於社會分析和政治分析，將「懷疑的工具」（tools of suspicion）運用到牧養的處境，以及牧養關懷的神學和實踐之上。換句話說，基督徒必須提防對處境作出的安舒的牧養判斷：沒有認真考慮社會和政治分析家那些尖銳的、甚至可能是異類的見解。這些解放方法是徹底的，但不容易即興地進行，它們要求人在時間上和精力上認真地委身，惟此才能產生其不容置疑的益處。

3. 通俗踐行

又有一系列五花八門的方法，它們無論在神學上和分析上，都不及其他踐行的進路嚴謹，卻易於明白和掌握。

i. 活動要求教會小組的成員去表達他們對教會生活的理解——用一個盾牌分為四個象限來表述。在一個象限，他們要描繪教會的成功，在另一個，則描述教會的失敗；在另一個，是教會的願望；而在最後的，是最似教會的本質的聖經人物。本質上，他們要刻下教會賴之而活的座右銘。這個活動同時按社會現實和神學身分來分析教會的性格，為教會在此時此地的目的，導引出一個更新的異象。

ii. 另一個做法是：用廣告口號而非盾牌來進行以上的活動。活動要求每個人或每個小組去編寫一個口號或報章廣告，表達教會是甚麼，並它可提供甚麼。教會如何推廣自己？用甚麼重點？為著誰的好處？排除了誰？將那些設計好的口號帶入這些問題和其他問題裏，而問題的性質是社會性和神學性的，從中可能 137
會導引出新的決定。

iii. 「通俗的踐行」的另一個方法，是將處境的「實體模型」（physical modeling），給那些參與反思的人觀看。例如，如果有一組學生已被安排在一間大教會裏實習，導師可以要求他們思想，他們將如何呈現教會領導團隊跟教會其餘成員之間的關係，並藉著運用他們自己作為一個「活雕塑」，來演示這種關係。當他們制定要以甚麼形態、姿勢、距離和互動來體現這種關係，他們就會就著他們實習時所遇到的問題，以及他們的詮釋，作出反思。在創作雕塑之後，就著模型所提供的鮮活體驗，進行更詳細的討論。

敘事進路

一個較新的神學反思方法，是跟人類的宗教追求一樣古老的，這就是敘事的方法。這方法基本上屬於實踐神學的踐行進路，因為它是從經驗開始，經過分析而進到行動。但它值得獨立開來作出考慮。藉著使用故事這種基本的人類認知方式、人類經驗的主要語言，反思的過程能夠開啟一些我們擁有的、供我們使用的最豐富的洞見來源。人類口頭上的互動，是以典型的敘事形式來進行的，不論是朋友見面時談論彼此的近況，還是引導學生進入個別學院的文化框架，又或者是孩子們在家裏發現他們自己家庭的文化。報紙以故事形式傳遞信息，電視節目如是；從持續最高收視率的肥皂劇，到廣告中的微型敘事也都如是。所有文化的形成和維持，都靠它們的敘事；因此，故事形式的神學反思，顯然是基於一種根深柢固的敘事進路來理解經驗。

1. 講故事

導師與實習學生一同坐下來，並提出第一個問題：「告訴我發
138 生了甚麼事，你認為有甚麼事情正在發生？」學生開始講故事。是關於實習崗位的，那一度是非常艱難和充滿對抗性的。當他講述時，他的詮釋也跑出來了。衝突的起源，既在於對事奉的不同理解，又在於學生害怕失敗。這令他十分羞怯和尷尬。有時，導師打斷故事，並要求學生作進一步反思：他為甚麼用上那些字眼、語句？這樣理解事件會有甚麼暗示？在敘事結尾時，導師將他所聽到的個人詮釋和神學詮釋的幾個主題，拉在一起，並圍繞著這些關鍵概念來展開討論。這學生所做的，是透過將記錄轉變成故事，並透過重大事件來提出他自己的詮釋。由此，這就可建構出他自己在工

場實習的神學批判了。

這反思方法的強處是，它用上了人類經驗的自然流露作為了解其意義的工具。它建立在人類意識的敘事結構上。[9] 它的缺點是，它允許出現一堆可能是過度主觀的神學反應。批判的距離，衍生自督導的聆聽。學生或許會對他自己的詮釋的對確性過分投入，督導必須準備好與之保持距離。

反思的敘事進路的另一個可能性，就是它可以給集體使用，並由一羣人來講述。一個教區差會的領袖，正跟教會的成員開會預備做一些基本功夫。他把一張長而闊的紙貼在牆上，並從戰後算起，每十年作一標記。他要求小組回想，哪一年國家或世界發生了哪些特別事件。當他們開口，他便將之寫在圖表上：一九六三年，甘迺迪總統被暗殺；一九七九年，戴卓爾夫人成為首相；一九六九年，人類第一次登陸月球；一九八九年，東歐共產主義崩潰；二〇〇三年，英格蘭贏得橄欖球世界冠軍；二〇〇五年，英格蘭贏得澳英板球對抗賽。圖表很快便填滿了。有些人驚訝地發現，他們的記憶有多差；有些人感到驚訝，正正因他們竟然還記得起。過了一會兒，領袖便要求小組做一件不同的事。兩個人一組。他們可否盡量回憶，在同一時期，他們的教區發生了甚麼事？誰做了甚麼？在甚麼時候？有甚麼難題和危機是他們要面對的？教區政策曾經有哪些重大變化？新的建築物？管家運動？經過緩緩的啟動，房間很快就擠 139
滿了回憶和笑聲。領袖開始在掛圖上作標記，並使之與全國性事件並列。最終，領導人請大家待下來。「那是……」他說道：「你教區故事的一部分，是你多年來的宣教故事。作為一個宣教團隊，我們所能做的，是幫助你進一步承接你的故事。」下一個階段是，他要求小組確定，他們認為上帝透過教區的故事想說甚麼和做甚麼？他們又如何理解上帝和祂對該社區的目的？對該教區而言，甚麼是

「好消息」?

這種反思方式，是很漫長的。雖然有一些人，當他們被告知要參與神學反思，他們便會感到擔憂；但這種方式能夠使他們順著流程走下去。這種反思方式是始於上帝對待人類社羣的核心材料，並發展成為全面的神學思考；而這種全面的神學思考，就是上帝的子民，就他們對上帝的理解以及祂跟他們一起作工，而作出的思考。

2. 逐字報告

此方法已在第七章提過，而該章的上下文已經交代了蒐集和記錄經驗和資訊的方法。我們現在來看看，它如何作為一種神學反思的方法。這進路大量採用牧職和社會工作培訓中的臨牀牧關教育（Clinical Pastoral Education）。它要學生在牧養性的會面（encounter）後不久，撰寫一份有關該次會面的完整報告。之後與督導一起做分析，找出這趟會面的內在歷程、學生和「案主」運用的策略並這策略的成敗原因，以及未來有甚麼需要學習。這方法，在其目的上，可以是或者不是特別神學性的，這視乎督導的分析框架和她向學生所問的問題。不過，藉著問問題，督導可以以清晰的神學方向來分析：在這會面中，有甚麼隱含的神學觀念正在運作呢？有甚麼神學資源是學生覺察到而又被採用的呢？相反，有甚麼神學資源是學生覺察到卻沒有採用的呢？以及其他諸如此類的問題。以下作品詳細說明了逐字報告是如何運作的，參見福斯克特與蘭雅的《幫助幫助者》（*Helping the Helpers*）。

這進路的強處是它的現實性。那是按記憶所能及，盡量準確地揭示出來的會遇，由此使得學生所採取的進路能有可能被作誠實評
140 估。而弱點正正在於記憶的謬誤，以及思維有一種內在傾向，將平白的紀事變成故事；那就是說，交報告的人是按自己現在如何理解

該次會面，而不是按它實際發生的經歷來重寫它的。

3. 處境報告

正如我們在第七章中所述，在神學反思上常用到的各式各樣的學習工具，大概都是以敘事的形式來操作的。其中為首的是重大事件／關鍵事件報告和牧養焦點。它們邀請實踐者或學生以書面形式陳述處境，從中作出神學、社會學和心理學的推斷。正因如此，這些工具的形式是關聯性以及敘事的；例子可見於「附錄 C」。

神學反思的藝術方式

這反思的進路，再一次，不能整齊地歸入第五章實踐神學的四重分類之內。按其隱含的結構，它是介乎踐行和習性之間；所以，於此，重要性在於：它可代替我們所描述的那些比較理智的方法。

西方的神學傳統，是植根於語言分析和概念思考的。不過，有一個平行的傳統存在已久，但通常不會被冠以「神學」之名。這是一種情感的、心靈的進路，而非認知的、頭腦的進路；這是一個藝術的進路，其貢獻有時被指為是右腦的貢獻：直覺、想像力和創造力。這種心靈神學（theology of the heart），從來沒從東方教會的傳統中失落過；但在西方，需要更加自覺才能再次去體驗的，因它已有點被邊緣化了。藝術向度回歸到教會的神學生活的一種方法，就是在經驗的神學反思過程中使用這種向度。

有一次，跟一組平信徒查考西番雅書。當中第二章「大責備」
（在其中，各城各民族必會因著他們的不忠而承受上帝的烈怒）所 141
提及的地方，均變成為了組員居住的城鎮和地區。因此，先知的指
控變得更加生動和個人化。組員花了一些時間，反思先知信息對他

們的時空的適切性。不過，要求他們要作出的主要回應，是通過油彩、粘土和拼貼畫來表達的；他們要透過這些創作形式，表達他們對經文的反應和如何應用經文。組員開始沉思，試圖進入故事和媒介，好使這些媒介可以反映故事對他們造成的衝擊。黑暗和光明的大膽繪畫，開始出現；意想不到的形狀由粘土產生出來；圖片和奇怪的形狀並列在一張大紙上。當晚完結時，與會者在情緒方面，十分疲憊，卻感到滿足。他們認為，他們已經沉浸於這名不見經傳的先知的信息當中，而活動所用的方式，是他們從來沒有想過的。藉著藝術的方法，他們可以將聖言和世界之間那複雜的相互作用，做一趟神學反思。

要對生活經驗生出明確的回應，這任務讓基督教得到一個寶貴的思考焦點。當這種回應是藝術形式的，那便讓這個獨特的學習機會得到更大的推動力。它迫使參與者以新的方式工作，因而更清晰自己想說甚麼；而在同一時間，更隱晦的是，讓藝術形式有其自身的傳播能力。藝術具有獨特的能力，就是「直話不直說」[10]，而非將一切說得一清二楚，「要麼接受要麼放棄」。因此，藝術的方法容讓人能夠以他們自己的經驗和隱喻進入神學反思，並以聖靈作為詮釋者。當然，於其他人的藝術而言，這也是真實的。組員可選取他人的詩歌、音樂、繪畫、照片或雕塑，加以調整、展示或利用，以便提出自己具反思性的意見。

組員收到了幾十份耶穌的肖像，是來自不同時代和不同文化，並從藝術、雕塑和電影借用過來的。他們被問到：「今天，對你而言，誰是耶穌基督？」並邀請他們選擇一兩張圖片來回答這個問題。然後，他們被分成幾組，討論選擇的原因，並回答另一個問題：「你的選擇如何表達你對宣教的理解？」視覺藝術有很大的潛力去促進反思，這是跟慣常所見的那些訴諸理性的進路，截然不同的。

就視覺藝術來說，這是真確的道理，就其他形式的藝術表達來 142
說，這也是真實的。舞蹈、戲劇、詩歌、創意寫作、音樂——它們都有可能使人對經驗作出神學的回應。然而，有一種可能性始終存在，就是這種非常個人化的反思，令反思變得非常自我，缺乏任何批判的距離。故此，這種方法同時應許多多和難題處處。

習性進路

正如我們在第五章所概述的，我們在這裏借用了法利對習性的用語來作為教會的神學的初衷。[11] 在神學分為靈性培育和學術研究，或後來分為一大堆學科之前，神學研究的單一目的，是使心靈和生活的聖潔，健康成長起來。神學的目的是要打造一種敬虔的生活。因其清晰的異象及其整合教會神學任務的能力，所以，在現今，這進路有許多方面都值得推薦，正如我們之前的討論所提過的。

在這裏，我們關注的是：這種方法在神學反思的核心任務上，可供採用的那些特殊方式。一個學生、平信徒或具反思能力的實踐者，如何使她整個基督徒生命，可以影響她的行動或經驗？——即她選擇去審視的行動或經驗在神學反思的行動中，她如何整合她的思想、祈禱和行為，以便在此時此地推動上帝的使命？

1. 交談

敬虔交談的藝術，是一種反思的形式，結合著督導、靈性指導和跟基督徒友人愉快地聊天的特徵。若要激發對一些事件或會面的深刻個人反思，一連串簡單的問題通常是免不了的。「你認為這裏實際上發生了甚麼事？」「在這混亂中，看上去，上帝似乎在哪裏呢？」「這一切如何可進入你的禱告？」「你會如何完成這句子：『我從經驗學習到……』？」督導正幫助學生做的，是對處境作出某種整全的回應，並按照他自己的基督徒角色來重新評價事件。這方法十分簡單，卻影響深遠。

143 ## 2.「換了是耶穌，祂會做甚麼？」

這是其中一種最直接而又蠻幹的神學反思進路。在某種意義上，那是在問一條神學上完全無知的問題！它似乎要繞過多個世紀的聖經批判學術研究和詮釋學理論，並打破所有規則。然而，這問題仍有一種獨特的幫助人的力量，使他們直面事件的核心、直面他們自己的內心，不論他們的神學教養狀態如何，他們都能以身為基督徒的全人來回應面前的處境。這種討論，隨後可以按參與者所想，盡量提出有關詮釋學、文化距離和批判性的學術問題，但其中心問題仍然挑戰著每個接收者：對於這種處境，甚麼才是學效基督（Christ-like）的回應呢？

3. 崇拜禮儀

如果崇拜禮儀是一齣神學的彩色電影，人可以合理地期望一個禮儀的處境會是神學反思的一個最豐富和最全面的形式。

這是神學生週末課程的結尾，主題是「共同作工」（working together）。當中的經驗是多樣化的，有時能拓展身心，這是因著他們考慮到，小組、職工隊伍、教育課程設計以及其他方式的共同合作的動力。當大家分享各自屬靈旅程中的珍貴片段，「共同作工」深深觸動了某些人。當前的任務，是要將這些全都融入到崇拜之中，以及用腦、用心、用靈去作反思，並以此呈獻給上帝。他們決定了表達的媒介：音樂、創意寫作、視覺藝術、幻燈片／錄音帶默想、代求、戲劇、舞蹈。建築物充滿了各種目的明確的活動的嘈雜聲，崇拜的元素開始出現：詩詞和歌曲、新鮮出爐的話劇、圍繞著祭壇的美麗工藝品、令人感動得心碎的幻燈片和音樂。在討論的時候，反思的過程會持續進行，當中討論到當日的報章闡明了聖經的哪些段落，也討論到在衝突的處境下如何帶著誠信來禱告。反思，也在個人的心靈和思考之中，跟頑固的肉體和滑頭的言詞搏鬥；當人面對著餅與酒（每次主餐的中心所在）的神聖之約，反思亦出現在各人的心靈中。這就是以反思作為習性，大家全人全體地回應整個處境。

神學反思作為牧養工具 144

上述的方法僅僅是反思過程的一些例子。反思是所有考慮周全而見多識廣的牧養工作的中心所在。可引用的方法其實還有很多，惟限制主要在於想像力的問題。不管如何，有一點我們應該緊記：神學反思的特徵是一集體性的活動；這是心思的匯聚，一起靠賴傳統，並藉著聖靈，一起得著活力，尋求真理，獲得洞見。一個更大的羣體可提供制約和質詢、洞見和橫向思考、意想不到的問題和必要的現實性，以抵抗幻想的誘惑。有了這個重要的保障，我們可以充滿信心地說：對踐行的神學反思，是牧養上一件不可或缺的工具。有了它，我們可從經驗中學習並在牧養上更臻成熟。沒有它，我們便要冒上牧養失效或犯下重大錯誤的風險了。

註釋

1. 例子可參考非洲宣教士鄧諾允神父（Vincent Donovan）對神學方法的徹底再思：Donovan, V., *Christianity Rediscovered* (SCM Press 1978)。
2. Tillich, P., *Systematic Theology* (Chicago University Press 1953).
3. 許多實踐神學運用修訂關聯法，特別可參考：Tracy, D., *The Analogical Imagination* (Crossroad Books 1981)。
4. Eliot, T.S., Chorus IX from "The Rock," *Collected Poems 1909 ～ 1962* (Faber and Faber 1963).
5. 參考其著作成果，載於 Davies, J. and Vincent, J., *Mark at Work* (BRF 1986)。
6. 一個特別有力的倡導者是 Weber, H-R., *Transforming Bible Study* (WCC 1981)。
7. Segundo, J.L., *The Liberation of Theology* (Gill and Macmillan 1977).
8. Pattison, S., *Pastoral Care and Liberation Theology* (CUP 1994).
9. 這種對人類意識的基本結構的理解，其具說服力的論證載於 Crites, S., "The Narrative Quality of Experience," *Journal of the American Academy of Religion* 39 (1971) pp. 291 ～ 311。
10. 這短語來自埃米莉．狄更生（Emily Dickinson）。
11. 特別參 Farley, E. *Theologia* (Fortress Press 1983)，其中他追蹤習性這概念的歷史發展。韋爾斯（Samuel Wells）也嘗建構基督教倫理的「習性」進路的論證，載於其著作 Samuel Wells, *Improvisation: The Drama of Christian Ethics* (SPCK 2004)，於其中他表明：「變得更清楚的是，基督徒所做之絕大多數事情，均源自習慣和本能；而比起下好的決定，基督教倫理更關注好習慣的養成」（頁 152）。

10.

現今處境下的宣教

到目前為止，在第二部，我們一直依著牧養循環而行，從當前經驗，透過調查和分析，進到神學反思。這循環的下一個階段是行動（第十一章）。不過，在這裏我們不妨先稍停下來，繼續神學反思這主題，但本章會從一個稍為不同的角度來思考。我們希望仔細看看此前不時提到的三個主題，並將它們併在一起來考量。

首先，是近日對堂會研究（或地方教會研究）日益增長的興趣。其重點是：每個堂會都有自己的特徵和行為模式。這些特徵反映出，其基本觀點和信念是來自其經驗和故事的。作為一個基督信仰羣體，這些特徵會揭示那些與上帝和世界、耶穌和救贖有關的信念，而這些信念往往是隱而未現的。換言之，有一個集體的「習性」。因此，我們有必要了解和處理神學反思的集體面向（corporate aspects）。

第二，英國社會，特別是一些大城區，日益多元化。最明顯的是，那是由移民人口增加所致，這亦是全球趨勢的一部分，帶來了許多社羣中種族、文化和宗教的多樣性。而這僅僅是社會轉變時的一種可見表達方式。這種碎片化的社會以後現代（post-modern）來形容，儘管對於這意味著甚麼，以及將如何演變，仍有相當多的爭論。

第三，尤其按回應社會變遷而言，教會不得不重新評估其處境。它在一個多元化的社會中處於甚麼位置？它應該如何理解其職事和使命？

146

審視堂會

我們在這裏要分享芭芭拉的難忘經歷。她最近轉到聖多馬聯合教會（St Thomas' Uniting Church）履行新職務，負責一個小型的本地教會合一的項目（Local Ecumenical Project, LEP——循道宗〔Methodist〕/聯合改革宗〔URC〕）。這項目在常春藤鎮（Ivytown）開展，該處是一個相當大的工業城鎮溫德登（Wanderdon）的舊住宅區。她意識到，不論跟她近期當鄉郊牧者所居住的環境、還是跟童年成長的郊區相比，這都是一個非常不同的世界。這是內城區和都市生活的世界。

常春藤鎮其實頗有代表性。它剛剛橫跨內環城路，而此路圍繞著溫德登的舊住宅區，現在是其「中央商業區」，以及式微中的舊工業區的核心。常春藤鎮有自己的小型工業村，與舊火車廠遙遙相對。一端是佔領區，那處有一排排十九世紀晚期的平房。另一邊是小型購物中心，是這區主要巴士路線的必經之處，而在購物中心另一邊，就是一排排舊式的中產別墅。上山的幾條路上，有一些較大的獨立洋房，如今大部分已分拆及改建成公寓大樓。這裏也有一個於兩次世界大戰之間的時期所建立的小型公共屋村，現在大都為私人所擁有。

商店成了該區的焦點。目前仍保留了老舊勞工階層和「白領」家庭的風貌，儘管現在主要的居民會是老人家。那裏有兩間傳統小酒館，其中一間仍保留著十九世紀愛爾蘭移民的特色，就像天主教教堂那樣。那裏還有幾家傳統商舖，如肉店、麵包店和五金店，其他店鋪大多由亞洲人的家庭經營，反映著新移民的文化。使用這條繁忙街道的人，不僅有來自印度的，也有來自中東的，他們經常穿著傳統服裝，這顯明了他來自何方。這裏有兩座清真寺，反映了新社區的種族和信仰的多樣性。其中一座位於舊文法學校舊址，經重新裝修，成為一所穆斯林學校。另一間在該地區的學校是一所公立小學，本身都是多元種族的。中學是在鐵路對面的區域。該地區還有非裔人士，有些是加勒比非裔，有一部分來自西非，他們婦女在特別的日子會穿得分外華麗，包括上教堂的日子。舊長老會教堂從前是舊聯合改革宗教會（United Reformed Church, URC），目前是本地教會合一項目（LEP）的一部分，是一間充滿活力且由黑人領導的五旬宗教會。還有一間增長中的獨立福音派教會，以白人 147
為主，現正打算遷堂。教區教會聖喬治堂（St George's）座落在廣場，剛在商舖後面。有趣的是，它接待了一小羣印度裔會眾。錫克教廟宇位於常春藤鎮的外緣地區，就在環城路，表明了這裏錫克教頗活躍。或許，令人驚訝的是，在唐杜里（Tandoori）和巴爾蒂（Blati）兩家印度菜館之間，有數間酒吧、一間書店和一間時裝精品店。有一些汽車不時會停泊在外邊，包括豪華的七人四驅車，標誌著年輕專業人士湧至，好尋求理想而便宜的居所。這也可解釋了為何圖書館隔壁會出現一間冥想和另類療法中心。

在她首個主日早上，儘管已作事前探訪，芭芭拉仍對將會出現的一切充滿好奇。有四五十人等待著她。當中大部分是長者，也有許多婦女，還有來自舊社區的一些家庭，其中包括一個單親媽媽。也有一些年輕的專業人士，大都帶著兒女。這兩個羣組成為了兒童崇拜的核心。教會也有不少亞洲裔人士和兩對加勒比非裔夫婦。這是一個溫暖、關心人的羣體，崇拜儀式雖然傳統，但這個羣體卻是滿懷關愛和希望的。

芭芭拉花了頭一年時間去適應，嘗試熟悉周圍環境，尤其是鄰里和該城市。她了解到，對會眾來說，教會發展的關鍵時刻，是當年兩間教會合併的時候。兩者均為相當穩定的中下階層非聖公會教會；在合併之前的五年，他們已共同聘請一位牧者。這位牧者相當活躍，而他的務實個性，迫使他們要思考實際的問題；而尋找據理去解釋處境的各種可能，叫他們熱中起來。他的異象：當兩間教會合而為一之時，應趁機重建並加設一個社區中心。接著是為聘請全職社區工作者吉姆去尋求資助。

因此，這地方熱鬧起來。除了傳統的教會活動——查經、婦女聚會、兒童小組——之外，還有各式各樣的其他組織，以應付社區的需要：學前小組、雙職父母兒童託管服務、功課輔導、退休人士小組、英語課程、殘疾支援小組；有些組織是由吉姆和他的志願團隊成立的，其他則由外面的機構運作。

148 總之，在附近一帶的地區之中，聖多馬似乎是積極而活躍的。然而，當中卻存在一個隱憂。雖然芭芭拉替教會和中心高興，她卻認為教會並沒有真正想通其神學性的自我理解。常春藤鎮已改變了，並正在迅速變化中。可沒有人去反思這對基督信仰羣體來說，意味著甚麼。他們努力恪守種種優良的舊傳統，可卻沒有將其整合在一起，或探問它們是否仍然適切。

事實上，就如她所聽到的，不論是否常到教會的社區中心的人，從他們身上，她都發現當下景況的優點缺點；她是有理由要謹慎點的。有兩件事情已十分明顯。首先，她負責的不同羣體，對於地區的過去以及何去何從，存在許多分歧。各方都抱著相當的懷疑和防衛。急劇的社會變化引起焦慮，許多人需要適應一個陌生的環境，卻往往缺乏語言或實際技能，這使得此地的焦慮感日重。但希望還是多著的，即使在如何處理多元文化上，沒有多少共識。各方都有一些人願意花時間精力來建立睦鄰的關係。常春藤鎮決不是一個火藥桶，可是，若一些狂熱分子開始搬弄猜疑和不滿，誰曉得會發生甚麼事呢？各方都需要耐性和善意。與此同時，大多數人都在各自的圈子裏忙於他們的日常任務，他們知道其他羣體存在，卻幾乎無從接觸。

其次，芭芭拉承認，會眾和與會眾相關的人，很大程度都是處境的一部分，是整個社區的縮影。然而，身為一心服事基督的一羣，他們(與其他教會)也致力以福音的眼光來看自己和常春藤鎮。當然，這經已開始了，儘管未曾被辨識，也未曾被系統闡述。他們聚集敬拜，舉行聖禮，閱讀聖經。芭芭拉看到許多基督徒的智慧，有時它們更來自一些奇怪的出處。這並非意料之外的事。大家既站在不同的位置，當會設法將自身的親身經歷和憂慮，跟在基督裏的信仰配合起來。正如之前所提及的，結果聖多馬的事工和使命，共識不多。因此，芭芭拉在她第二年事奉時，建議會眾花點時間去檢 149
視他們對其委身成為會眾的理解。她提出了一系列小型會議，同時就此擬定講道和查經的主題。

當她仔細思想並聽取意見後，有一個議題揮之不去，就是在常春藤鎮的多元化本質及其影響，以及該鎮的處境。三個截然不同卻相互關聯的主題，切中了最基本的問題。

i.　作為一間深入參與社區的教會，跟福音有何關係？

ii. 身處在多元文化的社區，不同信仰的人如何具創意地生活在一起呢？

iii. 在這樣的處境下，對一個希望憑信而活並與人分享信仰的基督信仰羣體而言，甚麼是宣教使命的真正本質？

見證與服務

從聖多馬的人所在的地方開始，先檢視其社區計劃，是合理和自然不過的。為甚麼教會應參與社區工作？應怎樣從教會生活的其他部分來理解這一點呢？

當然，答案有多個。一些人認為，這是顯示教會關懷並見證其信仰的一種方式。換句話説，社區工作是一種「福音預工」。雖然大家都同意，信心以「好行為」來表達是重要的（雅二 17），但大部分人都感到，按實況來説，這是過於簡化的；見證與服務之間的連結，需要進一步梳理。可是，若這是惟一的動機，那就有可能會被人操縱利用，僅僅視之為一種手段，為求達到另一目的。社區活動的存在是否真的只是另有所指呢？若是這樣，會否出現這樣的危機？——將真正的議程隱藏起來，讓人「被軟化」，其實真正的意圖是製造基督徒。自然地，我們總希望人會受吸引，參與團契相交，而事實上，有些是如此被吸引進來的。然而，按人自身作為一個人來對待他們，關注其福祉以及社區的福祉，除此以外並無其他目的，同樣是重要的。

150 因此，有人認為，社區服務的存在僅僅是為了滿足人的需要並促進地區福祉。不過，若這就是全部，有些人便會質疑，即或它誠如所述般美善和適當，這跟其他社會工作又有何區別呢？難道這不是法定服務的工作嗎？這是否意味著教會只是一個沒有獨特觀點的志願羣體？其他志願機構還多著。那麼，教會對社區的特殊貢獻是甚麼呢？以下再詳加說明這一點。有人聲稱，協助建立社區並促使他們的生活得到改善，本身就是一個福音的記號、上帝國度的標記，即使上帝之名沒有說出來。其他人則回應說：不錯，聖靈處處行事，時時作工，在某些情況下，那或多或少是可辨識的；然而，將之如實地說出來，按其名來稱呼上帝的名，不也是教會的任務嗎？這並不是說，教會是上帝惟一或主要的工具，而是說：它是那些藉著聖靈見證上帝在基督裏的作為者的身體。不讓人知道自己是跟隨基督之人，就是否認教會存在之本。

此時，吉姆介入了。他指出教會所委身的是「社區發展」。社區發展有其本身的原則：那就是**與**（with）人同工，而不單單是服事人，**為**（for）人而作。**為**人而作的是「社區服務」，是按所見的需要來提供服務。這樣的進路十分適切，為社區福利貢獻良多。在某些處境下，惟一可能的介入便是提供援助。教會向來善於此道，此乃福利國家的支柱之一。其弊病則是：操控權在服務供應者之手上，這令受助人處於一種依賴的位置，以及使受助人的議程被外界主宰。至於**與**人同工，重點則是協作、參與和自助。它使人愈來愈對自己的生活負責，以及發展自己的長處和技能。吉姆認為，這種態度之所以可取，在於它仿效了耶穌的事奉：建立關係、帶來解放和新生。耶穌從不強逼人，倒按他們的已到的地步來應對他們的需要，並單單因著他們自身之故重視他們。縱使我們渴望吸引其他人進入信仰羣體，我們也要**與**他們同在，尋求那更廣大社羣的共同福祉。

當所有這些考慮放在一起，結果似乎成為了悖論。基督信仰羣 151
體向兩方面拉扯：為福音作見證並呼召人歸信，以及在社區周遭並為社區本身之故，服務人、**與**人同在，無論那是何等微不足道和零碎片面。然而，在反思時，這也不是一個非此即彼的處境。他們意識到界限並非那樣明確。教會的全體成員，包括芭芭拉和吉姆，身兼家人、鄰舍以及工作崗位上如同儕這幾重角色，是更廣大的社區的一部分。他們生活在這種含混中，身為可見的基督徒，卻又從屬於各類羣組，作為其中的一分子自然會從這些角色出發，考量各等問題。反之，該地區的人出入這座建築物，因著各種各樣的理由來經營各類組織，而當中為數不少是其他信仰羣體的成員，或者是公然否認歸信任何信仰的人。然而，以上種種都是聖多馬的羣體特質。它往往讓人有某種賓至如歸之感，是一處叫人安身其中並與之聯繫的好地方。他們在彼此以及那些周遭跟他們參與共同活動的人羣中間，分享他們對教會的寄望和願景。儘管當中存在著真正的差異，但共通點還是有許多的。

從這些討論衍生了一個比喻，表達出教會對自身認識的新異象。聖多馬就像一個車輪，其軸心是基督，輪輻是從這中心放射出去的。正是祂維繫著萬有（西一 17），即使人不承認這一點。愈靠近中心，便與基督愈接近；但輪輻所伸向的輪輞，包羅萬象，而輪輻延綿不斷，離得愈遠的，或許就意識到那維繫萬有的實體（reality）。大家最殷切盼望的，是眾人皆承認這實體，竭力邁向這中心（腓三 12）；而存在的，仍是單一的整體，各部分都需要倚仗其餘部分，而一切都在愛的環繞中維繫起來。

還有一重對上帝國度的本質的更深入理解。當我們來到主禱文的中心時，祈禱說：「願你的國降臨。」我們渴求世界按照上帝旨意而行。教會首先是上帝國度的見證人，這國度如今雖隱而未現，只可瞥見其片段，卻塑造著萬有。這國度定要來臨，其意是指在上帝認為合適之時，它會完全彰顯；而它今天已存在於上帝那溫柔的照管之下。所以，在上帝作為的奧祕之內，受造世界和歷史並無離開上帝醫治和看顧的範圍。因此，當教會服務於人類的共同願景之時，應委身於公義和平，並投入社區生活，而這就是有分於這國度了。如此看來，處處皆可尋著上帝國度的記號，即使這國度可能未為人知，甚或遭人拒絕。

這一切帶來一種意識的提升：在常春藤鎮內日復日的地區生活當中，聖多馬連同他們的大公伙伴，並非只是位處邊緣微不足道的小羣體。即或他們數量不多，分量不重，他們都是那場更隆重的體育盛會的參與者（林前一 26～31）。他們要作獨特的見證，他們受差遣去建設本地社區，成為社區共同生活的伙伴。他們無需以福音為恥，如果叫他們得以自由並成為完全人，就跟他人並肩，與他人同在，為他人而活。很多會友體驗到，他們廣受地方當局、學校和社會服務組織歡迎，他們對此感到驚訝和詫異。此外，當他們盤點一下，看看他們所參與的小組的網絡何其廣闊，他們就足可以慶賀一番。不僅芭芭拉和吉姆參與了眾多的組織和網絡，他們許多成員也在各社區組織內擔任要職。

跨信仰接觸

要思考聖多馬在常春藤鎮上的位置，不可能不顧及它跟其他信仰羣體的關係，尤其是較大的穆斯林羣體。芭芭拉決定，處理這議題的進路，承接之前的討論，乃以會眾的經驗出發。她閱覽了有關基督教對其他信仰的態度的神學作品，不管怎樣，她發現到許多她文章儘管可作為背景資料，卻流於理論和抽象。對聖多馬的會眾來說，跟其他信仰共處乃日常之事，是活生生的議題。所以，首要之事，便是要提醒大家，某些使用該中心的組織，是由其他信仰的成員設立的，為要服務其他信仰的成員，而那些信仰的成員也參與其

他各種類型活動。因此，這已是一個非常真實的接觸點。教會成員
也很自然會遇上來自不同種族的人，彼此成為友鄰，於校門前、於
153 商店內碰面，一些更會成為工事上的客戶。對相當多的人來說，那
不只是泛泛之交，而是已經登門探訪，認識了家人，甚至在少數個
案裏，連對方的婚禮喪禮也出席了。接著，總會有節期和齋戒，這
是兒童往往特別留意到的，他們在學校學習到這些事物；而某些節
期和齋戒，在街道上也清晰可聞。芭芭拉和吉姆聯同教區牧師，開
始認識他們某些領袖，特別是錫克教的；偶爾還會跟他們開會，商
談一下社區內共同問題。

芭芭拉欣喜地見到，雖然有些人，尤其是長者，對區內的轉變心存焦慮，甚至不以為然；但公然反對的，即或有也少之又少。反而，有一股渴望繼續深化彼此的聯繫。慢慢地，障礙漸漸挪開。大家強烈意識到人皆有之的共同人性，這共通點再應進深下去，超越任何分歧。由新食品到不同的文化活動，這些簇新的變化，令許多人樂在其中。

了解其他社羣所面對的問題，也是十分有趣的。當中許多問題都是大家相當熟悉的：工作、錢財、住屋、家庭關係以至代溝問題。然而，由於他們身為外來者，所有這些難題都會加劇，他們得在新的文化處境下苦苦掙扎著尋找其身分認同。這些羣體亦並非同質均一的，這從他們自己的國籍、種族、宗教和階級的差別上可見一斑。

在這樣的背景下，聖多馬重申其對其他信仰羣體的尊重，以及適切的協作政策。然而，這還未解決問題是：身為基督徒，究竟應怎樣看待基督教與其他信仰的關係呢？在討論這些問題之時，芭芭拉發現到，標準的分析模型（standard analytical model）是一個有用的工具，可以幫助到她的會眾整理思想，儘管絕不給出一個直截

了當的答案。

有人抱著「排他論」(exclusivism)的立場，這毫不教人感到意外，儘管其實只有一兩個人聲稱基督教是惟一的真宗教。這姿態無疑可見於獨立的福音派教會；在黑人領導的教會中，它則以一種務實的、較不教義性的方式出現。芭芭拉承認，對這種立場，並不該掉以輕心棄之不顧。基督教一向普遍宣稱基督即上帝的啟示。不過，直到所謂的基督王國(Christendom)出現，才衍生出絕對的排他論，他們假定了(至少在西方而言)教會之外別無拯救。其實， 154
一直以來都存在一種有力的看法，承認於自身之外的宗教及哲學傳統中，蘊含真理和智慧。更貼近經驗而言，自古以來基督徒可能以為自己已找到了深邃而寶貴的信仰，故不願見有所妥協，甚或紆尊降貴；或許，這就是那些想沿這路線走下去背後的牽引所在。芭芭拉對此心存由衷的同情。不但如此，東西方皆有其他宗教，它們所宣稱的普遍真理是相類近的。其實，正如早前所述，基督信仰羣體以外的人，也不希望基督徒對自身的信仰作出妥協。就實踐而言，不論是羣體之間的生活，還是宗教之間的對話，都不會由於抑制一己的信仰和信念而有任何裨益；因此，芭芭拉感到，她對這聲音還是需要重視的。

可被稱為「多元論者」(pluralist)的，人數愈來愈多，他們認為所有宗教均以不同的文化與歷史方式呈現，基本上都是相同的，皆引到共同的終點。瑪格麗特是一名教師，她指出，在學校的早會中，是如何藉著強調宗教的共通點，特別是在倫理方面，來處理多元宗教的問題。事實上，以務實的角度來看，在公共層面上冒現起來的，似乎正是這種假設，那表現於某些護理專業以及政府跟所謂的「信仰羣體」之間的關係上。再次，芭芭拉看到這立場的強處。所有的宗教似乎都有一些關乎「存有的根基」(ground of being；田立克的用語）的信念，以保障自然存在（natural existence）的基礎。共同之處確實存在；花功夫在這些共通點上，的確有助促進世界和平。可從另一面看，彼此間的差異，是鮮明而根本的。「許多上帝之名」明顯不必然指向同一的事物，而宗教應包含甚麼也不大清楚。宗教是可以「有待認可」的嗎？一種信仰，如容忍有害的習俗，又如何呢？信仰是否純屬個人的呢？至於甚麼要保留，甚麼要拋棄，又由誰來仲裁呢？不過，也許某些社會學家是對的，從多元論可衍生出一種新的宗教共識，但這次並非歸於一個宗教的名下，而是由重要的宗教派別圍繞某些共同價值而凝聚出來的。無論如何，信仰總是在轉變之中的；隨著彼此一起學習共同生活，信仰最終會演變成怎樣，實無法預測。當假定所有宗教都應徹底適應一套預設的模型或進路時，問題便會出現。因此，這無疑是一個遙不可及的希望。

155 不過，儘管大部分會眾拒絕嚴格的排他論，他們還是希望，在承認並肯定其他信仰中那些正面而具價值的東西之餘，亦找到理解基督的方法，即在祂裏面尋著信仰的終極基礎。的確，不少人想見證那真實的智慧、真理和美德——那是他們經已找到、並正深化及拓展著他們自身的信仰的。事實上，他們發現這跟他們對社區工作的想法極為相似。基督信仰為他們的異象和行動，賦予意義和方向。然而，這也指向教會之外的一切事物的中心。因此，可以預料的是，他們所崇拜的上帝，既是愛的上帝，會環抱並扶助所有受造物和整個歷史，亦是可被尋見之上帝，能在人類經驗中藉各種方式反映出來。基督確實是信仰不可或缺的部分，亦是信仰的焦點，但這並不排除上帝會賦予其他宗教救贖價值。

此外，構成基督信仰整體的還有另一向度。基督教具有終末向度（eschatological dimension），關乎未來，於其中，上帝之旨意與其現實的圓滿將至終被揭示出來。雖然我們在基督裏得著了人神交往的真知識，但有許多事如今還是模糊不清的（林前十三 12）。因此，若我們跟其他信仰的人相遇時，發現自己的信仰得以豐富、遇上挑戰、蒙受激勵，那就不應感到意外了。

這樣的立場通常稱為「包容論」（inclusivism），或許已成為近期許多神學爭論的焦點。跟其他兩個進路相比，它較為寬廣而開放，在一個主題上光譜開闊，從接近排他論到接近多元論皆有。不過，它有一個強大的神學傳統作為根基。

於此，聖多馬的羣眾正能夠同時找到向基督委身的真切感覺，以及一份以誠信尊重的態度與鄰舍一同生活的自由。他們體會到一個人愈親近基督，便愈有可能自由自在地接納他人。於此，亦衍生出看待事情的兩極方式：要在教會內與教會外尋求真理。在其中，這一切將如何成就，可交託在上帝手中，也可為此歡慶。約翰福音就此提供了範例。真道聖言確實成了肉身，可見而具體（約一 14），但這聖道也滲透萬有，照亮世上的一切人（約一 9）。教會首要的責任，便是指向聖道於世之臨在。由此，我們的委身，當安立於基督，以祂為道路（約十四 16），亦應同時認清聖靈工作的深廣多變，居所處處（約十四 2）。

定義使命立場

這引到第三個問題。聖多馬的羣眾應如何理解使命？當然，這一直是至今所有討論的背景。但現在有必要使之明確起來，以及就著他們作為一個基督徒團契而存在（their existence as a Christian fellowship），尋找一種內在的融貫性。由復活節到聖靈降臨節，有一段密集的集體與個人反思期，會集中思考這課題。芭芭拉帶領一個小組，籌備一本讀經、默想與祈禱的小冊子，作私下靈修之用。這課題在講道和查經環節上得以持續，並在一個晚間會議上達到高潮，當縷縷思緒積在一起，便編織成一份使命宣言。

有些人會感到驚訝，因為這種做法實際上是對整個基督教信仰溫故知新的一個過程：不只是一個教會的描述和行動方案而已。這是由於這一切都始於上帝的宣教（*missio Dei*）——以及整個創造、拯救與最終之圓滿。最使人清楚明白這點的，是對盧布烈夫（Andrei Rublev）的著名聖像〈舊約的三一上帝〉（The Old Testament Trinity）的默想——坐在亞伯拉罕的帳蓬外面的三位人物。三個位格以完美的施與受彼此相待，是一又是三的共同體，藝術家於這奧祕中，捕捉了上帝生命之動態。但這圓圈還未完全，因為它把旁觀者也包括在內。上帝的愛溢出並進入創造與救贖，而我們則被捲進了上帝的生命之中，這生命是以放置在三位人物之間的聖餐杯為象徵的。

他們在這裏開始找到豐富所有基督徒生活的節奏，但還得更具體一些。甚麼是我們此時此地的特殊使命呢？這帶來對上帝的諸般宣教（*missiones Dei*）的討論——即我們在眾多不同的層次和程度上發現上帝的恩典；這要運用到許多工具，有祕密的也有公開的（彼前四10）。於是，他們開始列出他們發現自己參與上帝的宣教的方式。首先，他們都是鄰舍，伴著其他人一起生活、工作和參與；成為好鄰舍——負責任、可靠、友善、關懷——是主要的基
157 督徒見證。而另外，他們都屬於一個可見的、披戴著上帝名字的機構；這機構是鄰舍之間的一個聚腳點和活躍團體，促使常春藤鎮成為一個充滿活力而豐盛的社羣。

不過，不是還有更多的東西需要說明嗎？教會的任務是見證基督。再次借用彼得書信所記載：要為「你們心中的盼望」解說緣由

（彼前三 15）。這也是多方面的。於聖餐生活中，為著我們在基督裏所發現的上帝之愛而感恩：團契的特質、信靠的恩賜，以及生活的恩典。盼望透過所有那些常被視作服務的活動，能夠將聖餐的生活展現出來。傳福音和服務不是割裂的。而傳福音這活動本身乃呼召他人歸信，並與我們一同發現，基督既將他們尋回，會將意義、目的和融貫感賦予他們。這是教會生活的核心，但並不簡單，因為基督以他們各自的特質來就近各人。不論是透過宣講，還是透過小組或交談等較為親密的關係，我們必須要以基督可被發現，以及為尋道者設想的方式來活現祂。此外，門徒是要不斷學習重新發現基督，蒙引導走上新的路徑。傳福音並非單一事件，而是一趟朝聖之旅，眾人皆蒙邀參與。

因此，要成為一間開放的教會，便要有一個堅定明確的中心。會眾在反思中重新發現了他們的錨乃繫於基督：祂能支撐他們並使他們得著能力。他們便得以剛強壯膽，深化其見證。與此同時，這是一種學習的體驗：我們往往從陌生的裝扮上、於述說的新事中，以及在重新發現已遺忘的東西時，重遇基督。在此，祂是一位有所不同的主，卻又叫人異常熟悉。在結束這個過程的慶祝晚宴上，於圓桌共享的時光，成員們逐個為著他們所發現的獻上感恩：對自己、各人、前面的異象，還有在這一切之上的上帝。

芭芭拉在翌日的講道中將之總結起來。基督是中心。我們必須常常轉眼注視祂。不過，祂超越我們，我們在朝聖路上只是剛剛啟程。我們必須不斷向祂學習並認識祂。或許，經已發生的，是對「宇宙性」的基督有更大的覺醒，祂是萬有之源並充滿萬有（弗一 22～23）。當我們與基督同行，我們會作更好的準備，在意想不到的時刻找到祂（路二十四 13～35）。我們會更願意蒙引導去
走這條不大可能的路徑——或許心存謹慎，卻不懼怕（約二十一 158

15～19）。而這位主向萬有伸出其憐憫、智慧、知識和恩典之手（羅一 19～20）。我們一同蒙召成為人，也就是蒙召得以滿有基督長成的身量（弗四 13）。

芭芭拉在屏幕上，投影了三幅圖像來說明她的要點。首先是格呂內瓦爾德（Matthias Grünewald）的祭壇，此畫對巴特而言，是極具代表性。施洗約翰指向釘在十架上的基督。巴特說這就是教會的形象，從自己向外指向救主。信仰並非關乎我們自身或我們的行動，甚或關乎他人；而是仰望那盼望和力量之源，那是已賜下給全世界的（約一 36）。聶樂瑞（D.T. Niles）說，傳福音就是一個乞丐告知另一個乞丐可在哪裏找到麵包。第二幅圖像是達利（Salvador Dali）的《十架約翰的基督》（*Christ of St John of the Cross*），畫中那位十架上受釘的基督帶著愛和渴望來俯視世界：那個原本空無景觀的世界，卻為著其一切歡樂與哀傷、破碎與榮耀而營役忙碌。第三幅圖像是一個馬薩伊人的（Masai；譯註：肯尼亞和坦噶尼喀牧民）基督，那是由倫茨（Robert Lentz）所繪的好牧人聖像。在這幅簡單的圖畫裏，有一個非洲人，一個不同文化中的基督，出現在一個有異於我們的世界；這一切卻是我們可以認得出來。這些元素是他們的使命宣言的核心。

後現代主義

本章著手說明教會可如何反思其歷程，重塑並確認其基本神學的立場。當然，這只是其中一個故事而已。常春藤鎮上的其他教會對這主題會想出各樣變化，而還有其他教會會講述非常截然不同的故事，因為每一間教會都嘗試按其所在的位置來忠於基督；服事基督的方式可以有很多，我們亦需要眾多的見證人。當風格和情境的差異變成了衝突和分裂，才叫人失望。

本章所在的處境，是今天教會所面對的主要議題之一——文化多元性及跨信仰接觸；這裏我只能指出情況的複雜性。而這正是經已廣為人知的後現代主義（post-modernism）的特殊表現之一。後現代一詞所指的是徹底的多元化，這詞正正描繪出當代西方社會的特色；連同內部文化的轉變，進一步促使社會碎片化。因此，後現 159
代主義的標記，除了包括種族、文化和宗教多元主義之外，還包括極度的個人主義、權威的崩解、對選擇的強調和消費主義，以及説得形而上學一點，丟失了塑造並能凝聚社會的「宏大敍事」（meta-navative）。有人認為，在西方，宗教特別是基督教，作為這宏大敍事的一部分，經已被邊緣化，淪為私下和個人的事情。事實上，主導的宗教論述似乎已是一種自我實現的個人靈修學——一種任君挑選的信仰，兼收並蓄的經驗。

這顯然已成為教會生活及牧養實踐的一個議題。不過，正如對於引發後現代主義命題之種種迹象，到底要如何理解和評估，仍存在著爭議，大家對於其對教會意味著甚麼，反應自是各式各樣的。對許多人來説，這是退隱時刻，就進到愈變愈小的宗教部落。然而，後現代世界正日漸得到重視。因此，其他許多人正直面這形勢，看到其中所賦予教會的新自由，並不用再受啟蒙運動約束。在敍事互相角逐的世界裏，教會可在開放的市場上銷售其貨品。有人認為教會該作的，是發掘成為教會以及門徒的新模式，以面對這美麗新世界的挑戰。

不過，聖多馬堂的人的反應則不一樣。他們辨識到多樣性及其所導致的難題，但也想辯明任何人類社會都需要有一定程度的社會凝聚力，而且那不單是出於互利互惠或黨同伐異——特別是在危急關頭單單透過強制脅迫來維持的團結。即使昔日的宏大敍事經已

退隱，它們仍然存在，而且是對未來的資源，那就是教會、清真寺
和其他表現形式的文化和信仰傳統。沒有丁點理由要為著自己承傳
的傳統文化而感到羞愧，但同時也需要準備好探索並留意新模式冒
現的種種迹象，也就是那能於社會劇變的過渡期間，塑造社會、重
建社會秩序的那一模式。事實上，某些人或會認為，已經有迹象表
明這已經漸漸成形了。不論全球化怎樣含混模糊和惡劣不公，它影
響著我們所有人。此外，宗教似乎在社會中找到了新的位置，雖然
是帶著一些猶豫和混亂。這樣的過程需要時間和耐心，不能操之過
160 急。一個新的故事冒起，可能要歷經幾代人。與此同時，我們一定
要用我們所擁有的資源，繼續參與社區建設。在這樣流動易變的形
勢下，同時存在著經驗和做法的多樣性，是無可避免的。當中的祕
訣，就是存著盼望和耐心，忠心地生活，相信在往昔旅程中同在的
上帝，於未來仍與我們同在（羅五3～5）。

尋找宣教使命的基礎和模型，是這些轉變中的正在發生的徵兆。這裏所建議的是：任何本身具價值的宣教概念，必須正確地建基於上帝在基督裏的旨意之上，於此，教會並非以自身為目的，而是為了上帝和世界而存在。在此範圍內，傳福音、作見證、栽培工作、牧養關懷、社區工作以及社會責任，都會結合起來，一起效力於上帝國度這個更偉大的目的。

11.

由反思到行動

「好了，我們該怎麼辦呢？」這是牧師問牧區議會的問題。管風琴師是一位良善和敬虔的男士，純粹因受夠了水平不夠的詩班，而在他給牧師的信中說道：不是讓詩班停一下，為他們制定一些新的成員條件，就是他辭職離開。這是一連串圍繞詩班的麻煩事件中最新的一章，而牧區議會有意採取行動。他們說：「支持管風琴師。」而他們做到了。一片騷動。報章說道：「詩班被開除了！」「牧師說：詩班累了，容休勿擾。」而接著是漫畫家插手，他們以睡意綿綿的詩班與聲音單調的牧師的繪圖來介入。甚至網絡電台也緊抓著它，全國大報的當紅專欄也有分。與此同時，回到教區，溫和的騷亂、憤怒和怨恨都從各方而來。這分明是牧養災難的經典。

牧師已違反牧養關顧與實踐神學的基本原則之一——沒有周全考慮整個過程。在危機中，他驚慌失措且作出迅速而輕率的回應。這是一個需要即時「修理」的難題。以牧養循環的術語來說，他直接從經驗跳到行動，沒有在探索與反思的重要階段停下來。一個較冷靜的回應，會先問一系列的問題。這裏真正發生了甚麼事？這羣體陷入怎樣的心理動態呢？有甚麼關於衝突管理的指引可用在這裏呢？有關權力和諮詢的議題是甚麼呢？這裏也有神學議題。在這處
162 境下，上帝掌權，如何才有據可尋呢？上帝這場戲劇的參與者説明了怎樣的崇拜優先次序？而教會正在運作甚麼模型呢？當一切都説了和做了，滿有基督樣式的回應又會是怎樣的呢？

完成牧養循環的重要性

若為求迅速進入行動階段而縮短牧養循環，發生災難的可能性會大大增加；但這循環必須在實踐行動中達成某個結果。實踐神學絕非抽象而不具形體的事業；採用懷特海（James Whitehead）的講法，它總是步步「邁向某些滿有恩典的行動」。[1] 當然這行動中的恩典，可能不會叫人安舒。葛林為教會及其實踐可期待甚麼，下了一個更清晰的定義，他寫道，它「在有關公義、和平和社羣的事上，以神學角度來委身於行動」。[2] 這類行動往往在異常之處找到知音，卻在熟悉之地失去朋友。然而，這就是踐行進路的牧養本質：行動與反思、理論與實踐，活在彼此支持與彼此批判之中。信仰沒有行為是死的，就如單有行為的信仰也是死的一般。

如此，實踐神學，是指向神學事業中那個不可避免的實踐成果，而這就是我們在這些篇章中貫徹跟進的牧養循環中的第四階段。神學自説自話，是對從上而來的召命的拙劣模仿，而這召命是豐富的並激勵上帝的子民要忠心生活。以耶穌為開創性的實踐神學家，將深切反思和委身行動結合起來，這宣稱或許並非完全不公允。祂的榜樣是我們的訓令。

我們可以説，我們預期從牧養循環得出的實踐成果，乃是上帝

的宣教的一種表現形式。教會的行動特色便是宣教，因為上帝的特質基本上是宣教性的。宣教並非教會從事的眾多活動之一。「上帝的宣教」是屬乎教會的本質。這意味著，我們期望從牧養循環得出的成果，應體現出上帝的慈愛行動，以持續更新和救贖進到祂的創造之中。

以牧養循環的術語來説，在宣教上，我們正由反省朝向行動進發。某些實踐神學家建構出一個中介階段，即是理解 163
（understanding）的階段。在循環中，反思的階段的結果，就是產生新的理解，即進一步行動的新理論基礎。在多樣的學科探索與神學反思的相互影響下，將從其中而成的新理論勾勒出來，這舉動可從其中一個方向來觀之。從概念上説，這可停留在反思的階段，也可歸納為行動的階段。換句話説，它可被視為神學反思的結果，一個由反思過程所產生的暫時結論，賦予個人或羣體新的方式來審視最初的處境。另一方面，它可被當為進到下一個階段的跳板，即由「經驗—探索—反思」整個循環所生的新行動。如何從概念上看待這一階段，並不是大問題；重點是，這其中所包含的視野或理解，是一搭橋的活動（bridging activity）：宣教的移動，乃是從反思到行動的。

循環的扭曲

務必緊記，這循環並非單一分離的事件，而是由行動與反思組成的螺旋的一部分，這引發新的行動和進一步的反思。我們並非不存著價值與偏見來進入這循環，也不必每次都在循環的同一點上開始：我們可能於羣體的反思階段時才加入，儘管那在另一種意義上成為了我們的初始經驗。我們要提出的重點是，這循環並非單一和井井有條的。

然而，這並不是說，可繞過這循環。不管其中所包含的何其複雜繁多，也應該將其完成。而問題更往往是出於：遺漏了一個重要的階段，這造成過程的扭曲。這些扭曲一般有三類。

1. 從經驗到探索：並沒有下一步

當一羣基督徒在他們所身處的社區生活中遇上了一個難題，他們很自然便會為它尋找更好的理解，以確定他們可以怎樣應付得更好。這難題可以是：由一間當地的大公司大規模裁員而引伸出來的失業問題，或者無家可歸的青少年的數字在陡峭上升，又或者某私
164 人屋苑瀰漫著一片滄海孤寂。困難往往在於那羣基督徒，他們時間或資訊不足，帶著善意卻以盲目的方式來絞盡腦汁，最終變得愈來愈挫敗。以做得到的方式來掌握該處境，看似不可能，人在工作和教會裏會受到高度壓力。提案陷入僵局。由經驗通往探索的歷程，到此為止。

這種對牧養循環的扭曲的另一個版本，發生於當小組變得非常投入去探索某個議題，而對議題的注意本身似乎就是練習的目的。有一個團體，它對西方與其餘三分之二的世界在援助、貿易與債務之間的複雜關係，有所了解。它開始熱心地蒐集資料，觀看錄像，還跟駐倫敦的「專家」約談。有人試圖將實況帶到會眾之中，並在教會門廳上設置展覽。不過，夏天來了，熱情開始消退；到秋天時，只剩下至死方休的召集人。值得一試的回應經已耗盡精力，皆因把回應緊繫於福音的要求，以及將那在社區內外以實踐行動來表示順服的意涵，付諸行動。而這種回應證明是遠超過該羣體的委身承諾所能達至的。牧養循環就此胎死腹中。

2. 從經驗到反思，一步過：並沒有下一步

有關這循環的另一類扭曲是：將議題放進教會的基督教教育方案，並停留在那裏。這類扭曲忽略了探索階段，相信有恰當並足夠的基督教答案來回應這些困難的生活議題。也可能有人希望，對它們的討論，會以某種方式將它們所產生的罪疚轉移開去。當在教會內談到失業問題，人很容易使它成為講章或當代議題研習課程的一部分，認為聖經能提供正確的原則和答案。這驅使那些理解複雜的經濟和社會問題的嚴謹分析工作，成為了犧牲品。

錯上加錯的是，教會隨後也忽略了行動的階段，因為該議題遭基督徒家庭小組聚會馴化，結果失去其激發實際回應的力量。抽離實際處境，要知道適切的回應會是甚麼，是不可能的；但至少，
有關當地培訓提案的研究、求職支援的研究，以及諮詢中心的研 165
究，或許做得到；於此，教會可提供實際的幫助。由教會城市基金（Church Urban Fund）資助部分經費的項目，為全國許多絕望的角落，注入了新希望。

第一個錯誤忽略了探索階段，是屬道成肉身的（incarnational）；它未能承認，上帝能透過聖經和傳統來清晰啟示的同時，也能在世俗的學科之中揭露祂的臨在與真理。第二個錯誤忽略了行動階段是救贖性的（redemptive）；在社會的重大議題上，如種族、性別、恐同（homophobia），以及露宿問題的本身，它們並非可藉著研經和禱告來救贖，除非基督徒對徹底順服聖經與上帝的召命抱開放的態度，驅使他們採取行動。藉著小組來施行救贖，並不是先知阿摩司會承認的方法。

3. 從經驗到行動：兩者之間甚麼也沒有

本章開頭的牧師與詩班的例子，已經清楚展示了這類對牧養循

環的扭曲。這是受壓的牧者的典型本能反應。在此，有一個問題要區分出來，這裏沒有時間作你們在神學院中所講的考慮周全的反思；讓神學來影響這個處境，似乎既放縱自我，又過度複雜了；這只是一個要嚴加處理的處境而已。不過，花一點時間在冷靜的探索和反思上，將可省下大量時間去處理一場牧養的罵戰。實習傳道所面對的神學教育的挑戰，不僅是為事奉作準備，而是為深思熟慮的事奉作準備。行動主義是一個神職人員經常給自己的指控，但另類的選擇，證明是難以捉摸的。這另類的選擇是屬乎反思活動、默想的參與，以及一個事奉：按選定的優先次序來構成異象，並有著充分的神學根據。藉著那在事奉上行之有效、稱之為牧養循環卻遭受輕忽遺棄的方法，以及藉著那勉強維持的事奉，來實現這樣的異象，實在是不行的。

六個類型的轉變

當我們考慮到，從我們的反思模型可得出甚麼類型的行動或轉變時，有六個主要模式的轉變是可以運作出來的。同時發生多個模
166 式，是很罕見的，但往往會有一個以上的類型的轉變同時進行。此外，顯然不同處境會促使某類型的轉變過於另一類型。

i. **認知的轉變**（cognitive change）。學生和其他涉及牧養的人會發現，過程的結果主要是在知性層面上。參與者所學到的新事物，關乎上帝的本性，或者是在種族方面，社會如何運作，又或者是祈禱對不同的人來説有何意義。（「知性」在此並不一定指「學術」；它是指人類經驗中的認知、思維向度。）若要辯説這似乎有違上述的主張，即牧養循環只以行動作結，那麼我們

應記住，在達成最終有效的行動結果之先，過程往往要經過數次的循環；沒有此前數次循環的累積學習，這結果是不可能達成的。

ii. **情感的轉變**（affective change）。這種模式的轉變，涉及由重大的經驗而來的那些情緒上與態度上的轉變。接觸過許多婦女，她們因社羣一貫使用的排外政策而感到痛苦；而男性化的禮儀語言，可能導致某些人對崇拜的個別舉動，在態度和情緒反應上都會有所轉變。

iii. **行為的轉變**（behaviourial change）。透過參與一項體驗，暴露了弱點或未經審視的需要，從而學到新的技能；那麼，這些行為上的轉變，可以是獲益匪淺的。新的才幹會浮現出來，然後會從那些受益於這些才幹的人身上，得到肯定：不論這才幹是用來辦好安息禮拜，還是用來成功舖妥浴室瓷磚！

iv. **人際的轉變**（interpersonal change）。這些轉變涉及處理自己跟他人的關係，無論是個人的會晤，還是團體場合。這也可以是非常有益的，譬如牧師了解到他們經已帶領小組，他以坦誠而無惡意的方式來用心傾聽他們，並發現了一個建設性的方法，他就是如此經歷了一次危險的討論。又或者，學生因定期探訪一個醫院病房，而在牧養關顧的技能方面，感到更自信。

v. **社會與政治的轉變**（social and political change）。這類型的轉
變發生在：一個人開始看到他或她自己，並不只是一個個體對 167
其他個體產生反應，而是他或她身為羣體的一員，是有社會與政治責任面向的。感覺自己存在於集體領域之內，並因身為基督徒，而在這處境下負有神聖順服之責。這種意識，有時可以使人在見解和動機上出現徹底的轉化，而這轉化甚至有如新的悔罪回轉。

vi. **靈性的轉變**（spiritual change）。將這種轉變放到最後，並不是要敷衍地認同這個論述：宗教上的政治正確（religious political correctness）。這是統一轉變的範疇，關乎異象與實踐；兩者皆為有信仰的人賦予力量，並顛覆他們的偶像。這範疇涉及深邃而持續的重新培育塑造，從而迸發（有時爆發）具創造性的力量，好使基督徒能以嶄新的方式投入上帝在其世界的宣教。沒有它，對基督徒而言，其他一切轉變都是相對的。

在牧養循環可能出現的結果範圍

這個轉變的分類給予我們一個背景資料，就是在我們的實踐神學模型的行動階段中可能出現的結果。以下並非實際回應的全面或惟一的框架，但它的優點是：能夠有建設性地跟以上的分類關連起來。勾畫出來的範圍如下：

- 教育活動（educational activity）
- 新的態度（new attitudes）
- 完善技巧（refinement of skills）
- 修正行動（corrective action）
- 新的行動（new action）
- 禱告與歡慶（prayer and celebration）

1. 教育活動

我們之前曾提出，一個對牧養處境的純粹探索式或反思式的回應，可能對牧養循環造成扭曲，因它或會抑制了那朝往實踐行動的進展。然而，可以是這樣的，一個富教育性、認知上的成果是合適的；或者至少合適循環中這個特定的行動，連同隨後的排練，作出更具體的回應。在上面的例子中，致力於研究世界貧窮根源的那個團體所設計的事件，可能是完全正確的，按當時而言，這本身已足 168
夠了。為使隨後的行動有根有據，在複雜的領域中學習事實與理論的這一過程，不能抄任何捷徑。

教育理論有時指向六個教育過程的模型。[3] 傳道人欲以牧養循環協助小組，他或她需留意這些不同模型的強處和弱點，以及他或她自己的偏好。這樣，傳道人方能確保，這循環之教育成果對該小組是最富成效和最適切的。

- **通識教育**（liberal education）強調以智慧為目標，並以理性作為獲得智慧之法。最好以「知識廣博」來形容受過教育的人，因為他或她已接收了具特殊專長之人士所傳遞的資訊。典型的教學形式有：講授、專家座談會、有系統的在家研習課程。
- **進步主義教育**（progressive education）強調以社會與個體的轉變為目標，並以解決問題和指導為實現之法。知識是關乎運用良好的判斷力，而教育是藉解決問題的過程來運作的，學生要為其學習過程負責。教育的目的往往是促成特定的轉變或改善社會，因此，這個過程的性質通常是行動性和民主性的。
- **人文教育**（humanistic education）強調以整合和整體為目標，並以促進（facilitation）和支援為前往彼岸之法。最重要之事，乃日漸成長的自我認識。這樣的過程可見於牧養關顧、探訪喪親者或靈性指導的培訓課程，其中使用的方法是歸納式和參與式；而人在轉向牧職任務之先，他會被要求跟任務面對面（vis-à-vis），從而檢查一下他們自己的狀況。
- **技術教育**（technological education）強調以效率和生產力為目

標，並以指令（instruction）和模塑（moulding）為達成之法。知識的本質是表現，其目標是在特定任務上的技巧。典型的例子是訓練詩班或領禱者，裝備青少年小組帶領崇拜或裝備伉儷
169 去協助新人籌備婚姻。該方法的設計是：要給人自信，並令人得到滿足感——當人把工作做好後。

- **基進的教育**（radical education）強調要以擺脱壓迫為目標，以良心覺醒（conscientization）和賦權（empowerment）為實現之法。知識是關乎反思式的想法和行動。個人和社會的改變是過程的核心，因此，人必須首先能夠自己作選擇。這一教育方法在基進上的優勢，是已建立好的制度難以將其納入，因為它始終會顛覆制度本身！基於這個原因，教會就較難把它帶進其生活的中心，而把它留給那些處於邊緣上的重要激進組織，以致它能成為這些組織的良知——例如，於社會邊緣上那些新形式的社羣或慈善機構。
- **教條式教育**（dogmatic education）強調以順服和信任為目標，並以宣講為合適的方法來使用。知識包括對已啟示的真理或信條的理解。該方法透過傳授明確的信念和做法，來給予肯定和支持。以死記硬背的方式來學習教理問答或佈道法，都是這種進路的例子。

這些模型各有其強處及其倡導者。進步主義教育、技術教育，以及基進教育，特別有實踐上的成果。通識教育、人文教育，以及教條式教育，則視獲取知識本身為有價值的，它激發更大的自我覺醒及力量，至終，實踐的新形式卻不一定即時出現。我們於此要確認一點：這個在學習循環中的最終成品，正是獲取知識的實踐成果。

若在一趟印度之行中接觸到印度教，從而驅使某人在成人教育課上研究世界宗教，那麼，這在視野和同理心的延展上，是有真正價值的。而這可以激發進一步的探索式和反思式過程，從而引發在地區上跟其他信仰羣體進行對話或共同行動。教育過程永無止境，它總是向外開展，擴闊自己；而按理想而言，這會表現於具體的行動。

既具備了教學與學習方法的教育理論的若干知識，傳道人或平信徒教育工作者將能更好地推進教會的首要任務——宣教。他或
她會明白到，對特定的場景來說，甚麼教育目標與方法最有利，並 170
能帶動教會採取適當的行動。

2. 新的態度

按我們之前的分類，這種結果對應著「情感的轉變」。在聖公會按立女牧師的辯論中，經常聽到一個牧師的見證：他在態度上的改變，是出於在事奉上跟一位女同工合作的經驗。認知思維，往往可從實際經驗所帶來的情緒反應的深層變化中，得到補充，得以豐富或者受到顛覆。沒有人——會認真思考事奉的人——可以忽略所有人類潛意識，這種潛意識不可勝數，猶如一座大部分淹沒在視線之下的冰山。這是巨大能量的領域，往往將自己打扮成「可敬的神學」。

當然，這裏有一個特定的連結，能連接到實踐神學的習性進路。在此框架內，神學的任務是要達至「於救贖的背景底下，對上帝及關乎上帝之事物的一種個人的認識（personal knowledge）。」[4] 這形式的神學，產生一種人類靈魂習慣，是在上帝面前的一種生存方式。因此，這樣的神學的一個重大元素，就是向上帝、向世界、向教會，以及向全人類的態度與個人回應的領域。

有一次，教會於週末時間，在信任和坦誠的氣氛之下，透露了詹姆斯是同性戀者。該教會之前從未面對過同志基督徒的議題，而現在要開始深思。起初詹姆斯遭到某些傷害性的判斷和誤解，但教會為其感受與神學，苦苦掙扎，最終教會達至一種新的敏銳度，它在某程度上影響著教會所有的關係和生活。牧養循環的成果，是態度上的深刻改變。

3. 完善技巧

這是對學習過程的行為反應。這是在實習神學生中，甚至更多是傳道人初次受聘時的任務和機會之一，這些任務和機會，讓神學生或新任傳道，他們從處理大量的牧養任務中經歷到不同程度的成
171 功經驗，從而使他們有所學習。多年來，在基層教會與神學教育工作者之間，一直存在著一個曠日持久的觀念之爭。基層教會認為，神學教育應透過裝備技巧來預備學員事奉；神學教育工作者則認為他們的職責，乃是要為事奉的實踐提出神學框架，以此預備學員，並將大多數的技能培訓留到初次聘任時才進行。要在兩三年的神學教育中，涵蓋一輩子事奉的各樣所需，顯然是不可能的；同樣，神學教育工作者對技能需求完全不顧，是怠忽職守的舉動。不過，當實際的任務得在特定的時刻由特定的人來履行時，事奉上的技能就會變得無可避免。學習和改善技巧就成為牧養循環中最重要的成果。

雖然實際上不至於將嬰孩丟進聖洗池，但亞當為他首次的水禮崇拜的表現，感到沮喪。他不肯定自己；他完全為噪音所滋擾；他的講道太長，並且複雜得無可救藥。他顯得焦躁和困擾，並決意下次做得更好。他跟一些人談論，閱讀了一些書和作了一些思考。他的神學教育是有幫助的，但首先他必須多一點思考：對這區的人而

言，水禮的意義何在，以及是甚麼文化傳統正在跟教會互動著。跟教會幹事莫利和大堂清潔員格里塔聊天，甚有幫助。他倆已有八個孩子，而且一輩子都在這區生活。當亞當回想他此前的學校講義，他如今開始對它們另眼相看。他也開始為到磨練自己的溝通技巧而深思。他確實想要講的是甚麼呢？事實上，他實際需要講的是甚麼？他可否將他的講章貫穿整個崇拜而非放在一點上來宣講呢？他會如何應付噪音和專注力的問題？在這個場合，甚麼台風語調才最適切？——而不是以他那種拘泥刻版的方式來捍衛聖禮的莊嚴。當下一個水禮來到，亞當準備得更好。他努力做，也很順利。他知道自己已從經驗中有所學習，而希望他負責的第一個婚禮崇拜不會那般糟糕！

在事奉上，體貼慎思的實踐者會將技巧不斷完善。每一次運用一項特定的技能時，便是改進的機會。當一個任務已完成二十次，
要問的問題是：究竟那是重複了十九次，還是琢磨了十九次？在工 172
作上依然充滿活力的傳道人，於第二十次完成任務時會表現得截然不同。

4. 修正行動

亞當在水禮的技巧上的完善，與牧養循環的第四類型的實踐式回應的差異，在於後者——修正行動——在本質上更近乎集體性與結構性。技能往往在個體的層面上操作（儘管並非全是這樣：這也可指一個社羣如處理變遷或衝突上的技能）。然而，當一個機構的架構和做法，不再按它們最初所訂立的宗旨去服事有需要的人時，機構就必須採取修正行動。

由於稽查或檢討的結果，教會或許要徹底改革委員會架構。這裏可能需要一個婚前預備的新政策，因為執行現有計劃的負責人已

離開了，他們也將推動力一併帶走。教會的青少年事工似乎需要作出修正，因為在教會內以及在社會整體上，青少年圈子的焦點和風格都改變了。

當我們觀看近幾十年來在社會和企業上幾乎常變的體制和結構時，對於我們的架構常常需要調整，應該不用奇怪。[5] 教會的不幸，就在於視常變為威脅，看革新為花招。

5. 新的行動

當教會追求其宣教使命，實踐神學的循環的成果，往往是在教會內或由教會所作的新行動。該行動可以是教會性或社會性、個人的或政治的，但它總會涉及一個思考的過程：想出究竟甚麼是必要的，以及如何來實現。就訂立新活動而言，教會的記錄不太光彩；於神學、諮詢、細節或可能產生的後果上，又預備得不太周全。然而，若教會恰當地遵循牧養循環，至少會有良好的根基去期待新的行動——一個由檢驗和辨識的深思過程而來的行動。

在這階段，有兩組問題仍然要問：

173 i. 從神學上來說，這行動是否合理？
ii. 這行動是否經全面而有系統的計劃？

葛林對第一個問題提供了有幫助的準則。[6] 他指出，任何神學事業都應該具有以下目的：

- 默觀性（contemplative）
- 指導性（instructive）
- 轉化性（transformative）

神學事業的目的是要成為默觀性的，而不是變成寂靜主義，是要為察驗上帝的臨在與活動作更好的準備，並以愛來回應。有神學根據的活動是具有指導性的，因為它提供了在上帝的生命和真理中學習和成長的機會，使一切與祂的目的更協調。具有轉化性的行動，將有助於重組當下，使之符合上帝國度的盼望與渴求。即使在學習循環中，產生了對新行動所建議的特定結果，我們仍必須提出這些問題：這行動是有神學基礎的，抑或純粹是一個「好主意」？

如果一開始便回答了第一個問題，即從神學上來說，這行動是否合理，那還有另一組問題必須要提問，那是關乎所建議的行動措施的：究竟新活動有沒有一套有系統而有計劃的處理手法呢？一張列有必要步驟的簡易清單，可以避免之後掉進混亂之中。

- **目標**（aim）。不應採取進一步行動，直至目標非常明確。要確保這清晰的目標能完全以上帝的宣教目的為依據，最好的方法，便是繼續向這目標問：「為甚麼」。在所述的目標與終極神學的異象之間，應該有明確的連繫，以顯出一致性和連貫性。
- **資訊**（information）。所有跟建議行動有關的資訊，都應該蒐集、記錄並加以塑造，如第七章所概述的那樣。舉個例子，如果一個探訪喪親者小組正在成立，相關的資訊將會包括：葬禮數目、目前牧職做法、可能的培訓課程、別處的良好做法、心理學與社會學對喪親的見解，還有更多更多。 174
- **行動範疇**（areas of action）。該做之事，必須以大綱形式製成清單。對於探訪喪親者小組來說，這可能包括：招募探訪隊員、合適的培訓、就探訪計劃與教會溝通、對喪親者的溝通（包括支援性的讀物）、領導與協調、對探訪者的持續支援等。
- **計劃**（plan）。下一個階段，就是制訂一個詳盡的計劃，同時顧及上述必要的行動範疇。這計劃應該具體實在並排好時間表，明確分清誰要負責甚麼行動並向誰負責。如同目標那樣，若在這一點上有欠明確，可能會造成以後的混亂！

- **行動**（action）。按定好的時間表和指定的人員來執行計劃。計劃分階段進行，好使特定的目標能逐一達成。
- **檢討**（review）。這個不可或缺的階段，往往被人忽略。負責新行動的小組，必須在計劃本身設定檢討時間表。檢討可在任務完成時進行，也可於分階段實施時進行，或在監控的過程中進行。該次檢討代表著新一輪的學習循環的首個階段。在實施計劃的行動階段所學到的重要教訓，將會完善並改進該項目。當然，沒有檢討，歷史將會重演。

這種有系統及有計劃地處理新行動的方法，是牧養循環的成果，亦是一件隨時可用的重要工具。不過，工具箱內還有許多其他工具呢！對結構變化的動態有點認識，是有莫大的價值。[7] 同樣重要的是，注意處理衝突的模型，例如勒溫（Kurt Lewin）的力場分析法（force-field analysis）是非常有用。[8]

這些分析工具，以及其他來自人文及管理科學的分析工具，若基督徒運用得宜，在上帝的護佑之下，將為新的神學事業，確保最
175 大程度的成功。在一個由「已死的上帝」（God who died）掌管之國度的處境下，「成功」必然是一個性質複雜的概念。不過，我們有責任為著那復活和升天的主，設法去實現我們認為是受上帝引導的目標。但我們如何察驗何為「受上帝引導」呢？這帶領我們來到從牧養循環所生成的第六類行動。

6. 禱告與歡慶

在我們對轉變的分類之中，這顯然是對應於靈性的一種回應模式。它不能簡單約化為情感或行為模式；它同時是認知的與人際的，但超過兩者；它很可能包含或激發社會和政治轉變，但它大於兩者。在特定的情況下，若要以實踐神學之方法來介入，當中最適切的回應，很可能便是單單祈禱，不過要帶著更明智、更富覺察力、更敏銳的心思和心靈。我們的神學旅程可能已用了意想不到的方式，來向我們披露上帝的臨在與行動，我們可以肯定祂處理得非常好！我們的禱告將我們與祂恩典的活動聯繫在一起，並且，聖靈為著我們的參與作出新的催促，而我們要為聖靈的這份催促，開放自己。另一方面，我們或許發現，我們的反應，是一種感恩和喜悅，而我們的最佳行動，便是在崇拜、節慶、宴會及謳歌中，為一切美好的事物歡慶。我們將在下一章進一步探討這些主題。

延續實踐神學的循環

或許，這是真實的：「因為我們沒有帶甚麼到世上來，也不能帶甚麼去」（提前六 7）；不過與此同時，我們來到任何新的處境，都是携帶著大量包袱的，甚至從中帶走更多而去！我們不是帶著一張如白紙般的履歷，容讓任何經驗隨時寫在其上，來進入學習循環的。我們是儲備了態度、偏見、理解、直覺，在它們之間，建立了一個強大的過濾器，乃為我們接觸的新經驗而設的。我們的先前理解（pre-understanding），決定了我們觀察到的是甚麼、我們接納甚麼為有效的證據，以及我們認為甚麼具重大意義。

同樣，在這循環的盡頭，對於新的處境或宣教行動，我們會採納一種經過提煉的理解，或者一種新的進路，又或者一個經過重塑

176 的世界觀。這本身提供了新的「過濾器」，陪伴我們進入這循環的下一個回合。這個過程是持續而不斷發展中的。從這意義上說，實踐神學是一終末性（eschatological）的學科。它伸展至上帝國度的最終異象，萬物都受到居於未來的上帝所吸引而至此。這異象將牧養的工作相對化，以及作出改善。牧養的工作既是過渡性的活動，等候在基督裏一切事物的圓滿；它也是極其重要的活動，因為它們成為了上帝國度已然臨在並正在活動的記號，並且是將來世代的初熟之果子。

在基督的宣教服事中，要是未能前行並無法繼續行動與反思的過程，便會否定了我們對將臨之上帝的國度的信念。

註釋

1. Whitehead J., “The Practical Play of Theology,” in Midge, L. and Poling, J., eds, *Formation and Reflection* (Fortress Press 1987), p.47.
2. Green, L., *Let's Do Theology* (Mowbray 1990), p.100.
3. 例如：*Christian Education and Training for the 21st Century,* General Synod Misc. 389, 1992；Craig, Y., *Learning for Life* (Mowbray 1994), ch.2。
4. Farley, E., *Theologia* (Fortress Press 1992) 也可見其定義於第 35 頁：「習慣（habit），乃靈魂持久的定向與熟練」、「靈魂的認知傾向與定向、對上帝以及上帝所啟示的東西的認識」。
5. 漢迪（Charles Handy）是一位可靠的地圖師。見 *The Empty Raincoat* (Hutchinson 1994)。「事奉管理及組織力訓練」（MODEM；編按：Managerial and Organisational Disciplines for the Enhancement of Ministry）這個組織致力於管理世界與教會之間的對話，這一對話於領導學這領域上，日益具建設性。另見 John Adair and John Nelson, *Creative Church Leadership* (Canterbury 2004)，以及 Malcom Torry, *Managing God's*

Business (Ashgate 2006)，至於提醒的話，見 Stephen Pattison, *The Faith of the Managers* (Cassell 1997)。

6. Green, *Let's Do Theology* (Mowbray 1990), p.105.
7. Blake, R. and Mouton, J., *Advanced Management Office Executive*, 1962，進一步發揮於 *The New Managerial Grid*, 1978。他們的管理學理論已被修改，好使這些理論能適應許多不同的情況，包括教會的管理學。
8. 勒溫（Kurt Lewin）的力場分析法，曾出現在許多不同的場景，這為要顯示出它本身是適用於多個學科的有效工具。

12.

跟任務相當的靈性

牧養循環的目的並非要打造神學技工。正如本書之前已說過，牧養神學這模型，可能會給人印象，以為其主要目的只是為了使那些參與牧養的人能透過一個神學過程，可成功找到自己的方式。然而，真正的目的卻頗為不同：這是為使那些參與牧養的人以認識上帝為基礎，從而得到豐富的牧養智慧。

這裏我們又回到第四、第五章所提及的習性概念。習性乃心思與心靈的氣質傾向，可從所有基督徒的行動中流露出來。這是在上帝面前與別人同在的生活方式，因而以整全而明智的方式，來作出基督門徒應有的回應。這涉及整個人格，將屬靈智慧與理性承諾這兩種道理維繫在一起。這不是牧養事奉上的捷徑，而至終棄絕深思和分析之責；反之，這是一切所作之事的目標和場景，亦是個人的定向，為意志賦予方向。

因此，牧養循環僅僅是一個特殊的方法，幫助上帝子民發展基督教實踐的本能而已。我們所作的，源自我們的所是。藉著接觸基督教故事與門徒身分的要求，我們便成為我們的所是。當我們第一百次聽到好撒馬利亞人的比喻，我們幾乎肯定無法從中再獲取新的資訊，但我們又正正藉此能得著餵養和澆灌。其功能是「施為性」（performative）而不是「資訊性」（informative）的。我們如何於門徒身分的實踐上回應這故事，將會強化我們的基本習性。因此，我們藉著活在信仰的基本故事之影響下，建立起我們的基督
178 徒身分。這樣，基督的身體形成了一個羣體，是帶著特別的個性（character），[1] 並以「具個性」（characteristic）之方式，來回應社會的挑戰和需要的。

為此，若實踐神學的模型的整體目的乃促成習性，即心思與心靈的氣質傾向，並以豐富的牧養智慧為特徵，那就引起另一個問題：甚麼類型的靈性實踐和操練可相當於孕育一位「實踐神學家」的任務？那是指著任何積極參與事奉的基督徒來說的。對於我們一直所描述的那種事奉上的參與所支撐著的靈性，有沒有別具特色的標誌呢？同樣，在上帝面前的祈禱和禮讚，是否有一種方式是不僅支持著這事奉，而且是從這事奉所引發的呢？無可避免的是，我們祈禱與反思的方式，並不是從社會的真空狀態中出來的。它們是在個人、文化和神學因素的複雜相互作用下所產生的；其中有不少是關乎我們在事奉上應有怎樣的行動，以及事奉所帶來的果效。我們對上帝於教會內與社會中的臨在與活動之體驗，必然會影響我們的祈禱方式。

對於可支持並孕育實踐事奉之靈性，要設法去識別其中一些別具特色的標誌，顯然是危險的。誘惑人的地方是：只有這個由我們識別出來的一種靈性，方可適合於這任務。為著我們自己的喜好而誇大其辭，從而抒發我們對靈性的偏見，這種傾向，我們必須提防。任何形式的祈禱和反思，只要能有效地支持男男女女作門徒，

那麼，我們就必須承認，這些形式的祈禱和反思是可行的。正如我們一直所主張的，若人人在從事牧養工作時都運用思考，那各人都是自己的實踐神學家；因此，各人尋找上帝並被上帝所尋見的方式，都必須被認真看待。不過，就那些適切實踐神學任務的操作靈性（working spirituality）來說，若我們能在這些靈性中識別出若干關鍵要素，那麼，識別而來的冒險就變得有價值了。

合乎聖經且基進的靈性

許多運用聖經的方式，都流於撫慰心靈並安定人心；長久以來，有傳統待聖經如糖果廠的。但同樣也有長久的傳統，視聖經為一份激進的、富挑戰性而很多時甚至具顛覆性的文件，撥動上帝子 179
民的心弦，這正正是上帝要向他們保證其堅定不移的愛。這傳統承認聖經「比一切兩刃的劍更快」（來四 12），並耶穌的信息「乃是叫人紛爭」，而不是「叫地上太平」（路十二 51）。對於先知書、尊主頌或耶穌對宗教專業人士的譴責（太二十三），沒有任何西方讀者可帶著安舒的感覺離開。

近來，讀經傳統受到一眾作家注意，如謝帕德、埃利奧特（Charles Elliott）、堯士（Gerard Hughes）、瓦利斯，還有其他作者。他們都抱持真誠嚴肅的態度來看待聖經，好讓上帝向當代社會說話。[2] 這也是南美洲基層社羣的任務，於此，聖經的優勢是在第一世界很少體驗得到的。[3] 在英國，解放的觀點也找到其進入聖經研究方法之道，好使文本與處境可更密切地互相關連，並引發實踐的行動。[4] 聖經基進主義是「綠色地帶」（Greenbelt）的精神，這個每年舉辦的藝術節，會抱著開放的態度，定期面對在文化與轉變、政治與禱告上的棘手問題；而這種開放的態度，是因信任聖經的智慧與權威而生的。

某些神學院設有城市研究中心，容讓學生可以在其中留宿一段時間，並以有別於他們學院的處境和風格來做他們的研究。要在蓋茨黑德（Gateshead；譯註：英格蘭北部城市）的高樓大廈內宣讀登山寶訓，對讀者而言，便要問一系列不同的問題，繼而產生對文本一系列不同的情緒反應。我們的時代的關鍵問題，不論是關於城市貧困、第三世界的債務、臭氧層損耗還是種族戰爭，在倫敦附近六郡的郊區教會的傳統解經，未必足以對這些問題而作出精闢的應對。一種較冒險的詮釋學，雖會造成更深遠而也許令人不安的影響，卻能夠應付這些問題，而同時振興教會對其聖經傳統的信心。

在社會與政治上入世而在地的靈性

聖經是一份激進的文件。由此，可推斷出，一種提供牧養實踐的資源，並從中得到資源的靈性，也是一種會擁抱羣體與社會行動的靈性。聖俗之分，至終消弭。個人信仰與社會行動是不可分割的。

180 正如杜圖（Desmond Tutu）大主教憶述：「當有些人告訴我，宗教與政治並不相容，我便想知道他們正在讀的是哪本聖經？」或者，正如李奇（Ken Leech）觀察到：「當人崇拜耶穌，卻不跟從耶穌，基督教便走錯了路，且遇難遭危了。」[5] 跟隨耶穌，會帶領基督徒進入祂的鬥爭裏，就是祂稱為「那律法上更重的事，就是公義、憐憫、信實」（太二十三 23）。

許多教會發現到，當她們著重社區中某些特殊需要，並嘗試按照福音的規則來回應時，其生命質素便會以非凡的方式提升。而崇拜似乎更充滿活力，關係更密切，上帝的臨在更具體。如若教會設立日間長者護理服務，或是兒童託管服務；如若會眾為一名社區工作者而努力籌款，或是為一個貧困屋村提高士氣而奮鬥，社區的人接著便會對教會有一份新的確信，並對教會的宣教使命存著一顆鮮活的信心。深層的原因，在於這些行動反映了上帝國度的價值觀，因而更能得到人心。

近來有兩本著作幫助了英國基督徒，當中提及將禱告與社會行動，以豐富的相互依存的方式維繫在一起，它們是埃利奧特的《禱求國度》（*Praying the Kingdom*）與堯士的《令人驚訝的上帝》（*God of Surprise*）。[6] 兩者同樣鼓勵基督徒更深入地探討想像式祈禱（imaginative prayer）所蘊含的資源，並鼓勵基督徒視和平與公義的議題為常規的關注。這種互動，聽上來很有真理的意味。泰澤的羅哲弟兄（Brother Roger of Taizé）寫了很多關於掙扎與默觀的辯證關係的文章，這也激發了梅頓（Thomas Merton）的先知情懷與筆鋒。

此外，新出現的暴行，引發新的神學反思。沃弗（Miroslav Volf）在他的《擁抱神學》（*Exclusion and Embrace*）中，[7] 以他巴爾幹地區（Balkans）的同胞的苦難為寫作材料，藉著處於福音核心之擁抱，來挑戰可悲的排斥仇恨。這本書的論證，涉及豐富的神學、歷史視野與人類的洞察力；對普遍存在於我們時代的暴力，這些論證共同塑造出一個真正的基督徒回應。沃弗寫這本書時，乃是陷入掙扎之中，既屬知性，也屬靈性；而產生的這本書，既具神學性，也具政治性。

我們只需考慮這入世的靈性為另一個選擇，便可看見它對真正的基督徒生活，是何等重要。葛林在《做神學》（*Let's Do Theology*）中用了以下的圖畫，[8] 並認為這圖畫是源自拉丁美洲的。在這個比喻中，教會以一輛名貴的汽車來代表，並保管在一個家庭的郊區大宅的大型車庫內。他們定期參觀、欣賞並擦亮它，但從不駕它，往骯髒和危險的街道去。每個星期日，這家庭會準備野餐去——在車庫內於車廂中花上一整天。他們又會唱頌相當煽情的歌曲，那是關於路上的旅程和危險，以及他們座駕之美的。每年兩次，他們有特別的汽車節，邀請鄰居來到他們的車庫，拆禮物，試圖使車庫令人有賓至如歸之感。這家庭深受友人鄰舍的愛戴和敬重。儘管叫人可悲，大家都知道這家庭實在是瘋了。

教會確實是一輛非常特別的車子，但它的存在只是為了行駛在「骯髒和危險」的馬路上，而上帝的國度必須於此受塑造。教會作為這國度的聖禮，擁有至高的召命。若它無法憑那召命而活，反倒在車庫內自娛，那麼悲劇就出現了。因此，一種為上帝的宣教而效力的靈性，無可避免地會有著一個入世的社會向度。此外，教會捍衛其界線並非其關注所在，它也不會將其生活從路上的塵污和危險隔絕。事實上，它會致力與弄污接觸（contaminating contact），它會觸及那基督為之而死的世界，因為在那裏，寧生莫死的掙扎最為殷切；而在那裏，那叫人得釋放的耶穌故事，會被聽得最為清楚。

參與苦難與歡慶復活的靈性

從這「入世性」可推斷，我們習性上的靈性，會引領我們進入人生的困乏之地，在那裏，十架與復活的主題不斷回響。那些真正進入人生的危險區者，他們所經驗到的，就是更加深入地被投進那受苦的上帝之奧祕中，卻又蒙受殊榮，而這份殊榮，是指向那在黑暗後復活並升天的基督的進一步的真理。

在教會生活中，我們有時會遇到一些飽經風霜的面孔，但他們

也充滿著在苦難中的得勝。這些在旅途上的聖徒，或許會告訴別人
一些他們學到的東西。然而，較為常規的基督徒生活的另一個層
次，就是無懼面對困難和痛苦的議題，因為這是那承受國度者所選 182
取之路徑。因此，有些基督徒會定期在夜間收容所或寧養院工作，
或在地方政治上，將他們職場的信仰帶入灰色的折中方案。還有些
人會堅持照料患認知障礙症（senile dementia；編按：舊名「老人痴
呆症」）的親人；亦有些人致力服事那些遭受絕望、種族歧視或暴
力對待的人。舞台是無盡的。對施害者無私地作出認同的那份持續
的恩典，可見於各各他的幽暗十架，以及復活之晨那永不磨滅的曙
光之中。基督的僕人，無論是平信徒或受按立的聖職人員，不斷被
迫回到這個苦樂共冶的熔爐，並花時間默想逾越節的奧祕。

然而，我們應該避免的是，將十架虛報為廉價的，以及把基督的復活馴化。一個牧者能說不能行，或者他的固執使他經常面對衝突，這樣的話，他應該在某程度上是在認同騾子，而非認同十架！基督的復活是所有受造物更新的記號，而復活的語言，不該太輕易被用來形容那些微不足道的個人成就。不過，於任何認真對待人類經驗的迫切需要的靈性而言，十架與復活會是一再重複的主題。十架成為了幽暗與眼淚之物，乃有待進入的奧祕，而非有待理解的公式：復活是一處超越言語的喜樂之地。餘下的是沉默和祈禱。

富深度和誠信的靈性

對那些真正需要與現實搏鬥的人來說，為他們提供多一點精心包裝的基督徒娛樂式的敬拜服事，這並非真正的服事。某些崇拜的設計，似乎是以必須愉悅怡人、而無須提供任何挑戰或難度為原

則。事實上，崇拜中最需要的是深度。若我們要與上帝相遇，我們必須達至超越自己的地步，而這涉及聖言與聖禮、符號象徵與藝術形式、音樂與氛圍、歡慶與靜默的多重糅合。我們必須受邀進入一個更大的空間，我們或會在其中感到迷失；我們必須遇上陌生的事物，那些事物或會、或不會變成新的發現。同時，我們必須與真實世界的人羣保持接觸。否則，崇拜是自由的下墜，不過是自己的心
183 靈探索，跟任何東西無關。崇拜需要適切而非瑣碎、需要深度而非抽象。因此，它是一種稀有而複雜的藝術形式。

對公共禮儀（public liturgy）來説甚麼是真確的，那麼對私下禱告來説也是真確的。那些為上帝的國度祈禱和工作的，他們需要在上帝面前尋找生活之道：一方面，這道叫艱苦的工作得到資源和餵養，另一方面，這道也容讓令人滿足的歡慶形式。不論是藉著查經與禱告、靈修日課、默觀守靜，又或者是一整天操練上帝的臨在，都不是大問題。不過，重要的是，個人應具備一定程度的自我意識，以及對豐富的基督教靈修傳統有所認識，好使他或她能建立一些必需的聯繫。目前，從「邁爾斯—布里格斯性格分類指標」（Myers-Briggs Personality Type Indicator, MBTI）及古代九柱圖（Enneagram；或譯「九型人格」）的洞見，可幫助許多基督徒對自我的意識增進更多；它們把性格與祈禱方法拉上關係。[9] 而這些工具只起提示的作用，並非精確的儀器；是為了釋放人，而非將人歸檔劃分。它們的宣稱，頂多是：人可以辨認出自己心靈的「家」，好讓他們可以帶著更大的信心出遊，踏上心靈之旅。

在追求基督徒生活必需的資源的過程中，許多人也得到助益，是透過：退修運動的復興、大量討論不同靈修形式的書籍，以及於教會的光譜中，對屬靈導師與靈友的價值愈來愈認同。最終，重要的是，有真實而富深度的崇拜和祈禱。對委身的信徒來説，這並不

是微不足道的追求，而是生死攸關的大事。

以旅程為喻的靈性

有一位學生，他憤氣填膺，來見他的導師。他是帶著率直外顯的信心和熱忱來分享的。但是，他經已參與了兩次艱難的實習：一次是在離家者的收容所，另一次是在一個棘手的工人階級牧區。之後，他結識到一位無家可歸的酗酒者，這位酗酒者現已孤單地離世。他在生氣，對著教會，對著學院，並對著自己，全都是這般膚淺，就如他所見，是如此之久。這兩年他已改變了很多，現在他帶著近乎恐怖的感覺，來審視他過去的信仰。

導師聽著。他不得不邊吸收學生的激烈演說，邊作出理解。學 184
生走過了一段旅程。他可以把他的基督信仰的源頭，追溯至童年；或許現在他可以試試，看看那不只是「錯誤」與「真理」兩個階段，而是一輩子的旅程，並且是要更深入地遊走到上帝掌管的領域，從而發現福音中真理和意義的新層次。或許，憤怒的另一面可以是振奮，是服事一位比他所想的更大的上帝的一個新機會。

對這名學生而言，是事奉的實踐性和牧養循環的運用，帶領他在基督徒的旅程上到達新的領域。從某些方面說，旅程這種模型，令人生出一種要連續不斷作出轉化的感覺。[10] 第一個轉化，就是轉向起初活潑的信仰，這轉化有點近乎理想主義，也有一份純真的確信，也有一種肯定——是既吸引人又排斥人的。雖然有時候，這階段的旅程在回顧時，某程度上會有點尷尬，但這是一個必要的入口，而且這經常會成為往後經驗的試金石，即使那經驗跟最初的大相逕庭。如果我們想其信仰成長，那麼，這起初旺盛卻脆弱的信心，便很可能會經歷疑惑，而作門徒的痛苦和代價會開始加增。痛苦可以是理性的、道德的或富情感的，但它很可能會帶領人出曠野，而在那裏，作門徒的真正要務才被整理出來。

曠野在我們自己的靈魂裏，它涉及我們要接納自己的個性和我們的過去，還有我們的支離破碎和偏見。接納這一切就是我們的所是，也就是我們向上帝所呈獻的，便是第二個轉化。正如田立克所說：我們「要接納的事實是，我們即使是不被接納的，也已得蒙接納了。」[11]

第三個轉化是要轉回到世界，我們要體認到社會上的個體與團體，它們共享著在我們自己身上經已看見過的那種破碎性。我們得被賦權，並非在於我們自己抓緊基督的力度，而在於內心等候並倚靠祂、耐心聆聽聖靈的催促，這時，我們方能感覺到世界生活的脈搏，卻不受誘惑要去操縱之。如今我們可以自由地與他人同在，並留意關心他們，因而察驗到上帝已開始做了甚麼，並加入其中，與祂一起作工。因此，牧養事奉可從其許多的幼稚和自我欺騙中被解放出來，從而得以自由地、真正地解放和轉化人和處境。

185 雖然這個程式化的旅程未必屬於讀者，但當中某種形式的旅程，就肯定與讀者有分。然而，提出旅程這模型並非要否定其他隱喻。例如，福音派有一個很重要的隱喻，就是「來臨」(arrival)的隱喻，這隱喻乃是指向：基督徒可對一位已為我們完成旅程的上帝抱著十足的信心，我們只要迎接祂來。模型之間可以保持張力，這能闡明真理的不同方面。當然，只要它們幫得上忙，它們便是有用的！然而，旅程這隱喻拾起了一個聖經的重心主題，並反映了許多許多基督徒的經驗。

謙卑的靈性

上文已經提及過，在牧養上的靈性之中，有一種元素，就是謙卑。面向世界並其痛苦的第三個轉化，是源於體認到我們在上帝面前，同樣都需要得著幫助。這種轉化，有助我們與別人一同坐下來，並且有助我們更多留意別人，說更少的話；儘管我們指望那更少的話是可以更有價值的。

有一次，在一所醫院的小小病房內，當院牧進來時，有一位牧師正坐著跟一名病人悄悄地交談，而院牧並沒留意到其中一位訪客也是聖職人員。他站在這只有四張牀的病房中央，親切地微笑著，然後以一連串基督教概念向各人發言，隨後他以和藹的樣子大搖大擺地走出去。病房的人呆住了。作為牧養關顧的一種方式，這是愚昧不當、令人尷尬和傲慢無禮的，他並無嘗試與病人互動。在人的需要前，需存謙卑；這將會更新院牧的整套牧養進路。

不過，還有另一種形式的謙卑，是牧養上的靈性所要求的。這是地位上的謙卑。特別是聖職人員有必要將他們所抱緊的神學放開，好使全體的上帝子民都有信心將之取回。弗雷澤（Ian Fraser）稱之為「重新創造的神學，作為人民的工作」。[12] 對於聖職人員而言，這是要有所犧牲的，他們已慣於將神學想像為一個他們自己的特殊保護區，一個專業知識的體系，可按他們的意願來配發和控制。而牧養循環所預期的牧者，較多是促進者和輔助者，也就是要使上帝子民能夠在他們自己的神學上，扮演重要的角色。

要在有需要的人面前，並在上帝的子民面前存謙卑的心，只能 186
來自禱告的生命；這種生命，就是專注於那位親自選擇以謙卑的方式「反倒虛己，取了奴僕的形像」（腓二 7）的上帝。在一個高度重視向上流動的世界，要選擇「向下流動」（downward mobility），實在是勇氣之舉。聖職人員與平信徒需要彼此溫柔相待！

重視敘事的靈性

有訪客到南隱禪師那裏詢問有關靈性生活之事。不過，訪客不斷談論他自己的想法，而不是在聆聽。過了一會兒，南隱奉上茶。他將茶倒入訪客的杯中，直到滿了。接著，他繼續倒，茶都溢到桌上，然後流到地上。最後，訪客再也不能克制自己了。他說道：「你看不見它已滿溢了嗎？你不能再添更多進去了！」南隱回答：「正是如此。」南隱終於停止倒茶，並說道：「你就像這杯茶，太滿了——裝滿了你自己的想法。除非你奉上空杯，否則你怎能期望我給你說禪呢？」

我們本可用以上這個故事來說明此前「靈性中的謙卑」這一點，即如果我們是如此滿有自己的才幹，那麼，我們既不能從上帝，也不能從其他人接收到任何東西。不過，現在我們要說明另一點：於心靈溝通時，敘事本身具有獨特的力量。它之所以得力，是來自敘事流（narrative flow）的重要性——我們皆活在其中，並且，很大程度上，我們藉此來界定自己。一套一套的故事，會將身分賦予國家、社羣、家庭、教會並個人：故事說了又說，傳給子女，於紀念日上記念，給陌生人重述。而這些故事往往帶著我們至深的信念和價值，這些都是賴以規範我們生活的神話。

因此，若要尋求任何接觸至深的實在（realities）之靈性（而這實在是我們與其他人賴以過活的），都會受到敘事、隱喻以及詩歌所吸引。故事令人產生聯想，無拘無束；它們介入聽者；它們使聽者提問並回答問題。故事是調皮的，它們作出暗示和顛覆；它們進到議題的核心，卻給你空間後退。它們厚臉皮又叫人難忘；它們趁你不留神時，冷不防便偷偷溜進來。此外，故事輕身上路；它們不需教科書，而人喜歡它們。這一切耶穌似乎都了然於胸。

有關敘事與信仰的文獻，正在迅速增加。故事一直都跟猶太人 187
的靈修學與某些東方信仰有關，[13] 而基督信仰的敘事之豐富，更是博大精深。聖經當然充滿著敘事，而福音書就以敘事作為主要體裁。沙漠教父（desert fathers）與聖徒的故事餵養了教會多個世紀。二十世紀的敘事，充滿了苦難和發現，比以往任何時候更加豐富；每時每刻，我們都在撰寫我們自己的「第五福音」，乃是我們對作工的上帝之經驗，祂在我們當中動工，在我們周圍動工，無論我們如何，祂都在作工。

埃利奧特已展示，故事在滋養政治的靈性之成效。[14] 千千萬萬的人從德梅羅（Anthony de Mello）對東方故事的運用中得到喜悅和鼓舞，而加洛韋（Kathy Galloway）則為熟悉的聖經敘事加上當代外衣之價值 。[15] 敘事已成為近期有關講道學的思考中的一個重要類別，特別在美國。[16] 丹尼斯（Trevor Dennis）和溫格林（Walter Wangerin）分別於大西洋兩岸，揭示了某類型短篇小說的那種對心說話的潛能，[17] 他們所跟隨的豐富傳統，就是由魯益師（C. S. Lewis）、查爾斯・威廉斯（Charles Williams）和托爾金（J. R. R. Tolkien）所寫的那些更長篇的經典。運用故事的靈性是永不缺乏題材的。

集體的靈性

過度的個人主義，可能奪去一個人的個人信仰和政治力量。它也可能奪去一個人的屬靈身分。其中的理由同時是心理的和神學的。一方面，若基督徒之旅單靠個人的奮鬥，可導致沮喪和孤單；

另一方面，聖經並沒有「獨唱基督徒」(solo Christian)這東西。上帝子民在跟耶和華所立之約中共存；新約聖經內，新約子民的圖像，幾乎總是以複數形式來表達的——由活石建成的靈宮(彼前二5)、許多肢體組成的身子(林前十二 12)。身為一位基督徒，便是在聖徒相通(the communion of saints)中，於本地、全國、國際間，甚至全宇宙中，與多采多姿的超凡的上帝子民，一起擁有集體的屬靈身分。

在實踐上，這意味著，即使所付的代價高昂，仍要承諾在教會內跟上帝子民一起工作與崇拜。有一個神學生，對上帝國度的社會
188 向度抱持堅定的確信，他是內城區一間正陷入困境的教會的成員。在那裏，主導的神學是否定世界的；靈性是寂靜主義的；政治哲學是保守的。縱使他對按立女牧師的理據有充分的信心，但大部分教會成員都反對。不過，他委身於當地的信徒羣體，他從沒停止關心教會和社區兩者的福祉，無論如何，他拒絕怨恨和無望。這是他的羣體，是上帝的禮物，而他的特權和責任便是要愛慕並欣賞上帝，讓這地成為將臨之國度的一部分。一個集體的靈性很可能聚焦在聖餐禮上，上帝子民在其中得蒙「救贖、醫治、恢復、寬恕」。正是在此，瞎眼的得看見，貧窮的聽到好消息——這些傳聞得以被確認並受到歡慶。正是在此，神聖的羣體聚集在一起領受聖餐，並預嘗上帝為我們所有人預備的神聖國度。所有這一切皆不可獨自完成，若非有基督身體這可靠團契，也無人膽敢為了上帝的國度而進入整個社會的衝突之中。

當然，衝突是人類常有的。往往在社會遇上衝突之前，在教會已遇上了。然而，基督教的歷史證據表明，十字架安立為這悲慘事實的永久象徵：不論是教會還是社會，都抗拒上帝國度的價值觀；於是，相比透過溫和的進程，上帝的國度更多是透過危機和衝突而

來臨的。十字架並非宗教的奢侈品，而是人類的必需品。由此可見，若屬十字架的子民要為這條代價高昂之路作見證，那麼，他們便要在共同的理想與慈愛的禱告中彼此需要。因此，基督徒需要支持和鼓勵，而這些支持和鼓勵，來自他們的教會、家庭小組、代禱細胞小組，或者身為方濟第三修會（Franciscan Tertiaries）、愛俄拿共融社區（Iona Community）或泰澤網絡（Taizé network）的成員的力量。只有集體的靈性，才能支撐那具轉化力量的上帝國度的異象。

專注宣教和教會合一的靈性

今天，某些形式的靈性的特點是過度內向。他們傾向逃避，以
及養成自己在靈性上的品味。這試探持續不斷，必須予以抵制，因
為我們在上帝裏的生命，其目標決不在其自身。祈禱的目的超越了 189
教會大家庭的這個小天地，並自我的專注；祈禱支撐著教會的整個
使命——將整個福音傳給全世界。

這宣教使命的模造，是藉著識別上帝正在世界所作的並與上帝聯手，而參與其中。這宣教使命涉及傳福音、社會行動和教會更新，它不能被簡單約化為一種聚集愈來愈多的基督徒的使命，而最好把它理解為參與受造世界的更新。一個如此令人敬畏的企劃，只能屬於上帝；但在人的層面而言，我們得藉著對細節的重大關注來達成這個使命。我們現在的世界，雖可能只是最終將被揭示出來的新世界的美麗草圖，但在親自掌握著將臨之國度的計劃的那一位的照管下，我們沒有理由不竭盡所能。

支持這異象的靈性，必須基本上是使命導向的。它不會狹隘地守衛著「我」寶貴的禱告生活，因為祈禱與行動、神聖與世俗、代

求與佈道——所有這些不真實的界分，都會溶化在教會宣教使命的白熱之中。禱告的真諦將是非常必需要的，但它的目的是加強服事上帝國度的心。默觀確實是為了上帝，但上帝是將國度帶來的那位，而國度是包含安舒與不安、和平與利劍的。

「一起，會更好」雖只是一個口號，但有時口號也會概括了重要的真理。眾教會為著教會的宣教使命一起工作和祈禱，勝於在光榮的孤立或虛假的純正之下去作工。不過，教會合一的禱告之豐盛充實，不端在平淡純和、不令人討厭的崇拜，而在於眾傳統的豐富和獨特之處。有些時候，敏於教會合一，便不會要求以特定的儀式禮拜，然而，藉著盡可能投入某個特定宗派的儀節和其豐富之處，以及透過該傳統自身的完整性來體驗其洞見，可發現當中的莫大益處。

當代教會之間的匯聚的重心是：反省各宗派神學上的特殊語言和習慣，並愈發看重共同禱告、研究及宣教的體驗。有一間新的基督教音樂商店，是幾間教會共同擁有的。並且，他們重新發現不同
190 形式的禱告，而這些形式的禱告，以前被認為是某些傳統的專利。教會合一的靈性，認識到上帝總是比我們最大的期望更大，總是比我們最瘋狂的夢想更豐富，也總是叫我們有驚喜的。

歡慶的靈性

尼采（Friedrich Nietzsche）是如此挑戰基督的門徒，「該看起來是更蒙救贖的」；對基督信仰羣體而言，那是一個長期的挑戰。猶太人的他勒目（Talmud）宣告，在審判之日，為著每一件我們沒有細意享受的美善事物，我們將會被追究。在每一天的千般奇迹和蒙福時刻——當人選擇生命而非死亡——信徒蒙召為著上帝的良善

而歡慶。再者，基督徒的喜樂，並非對問題不明白的那種毫無顧慮的天真態度，而是正視了痛苦而發現重生的由衷喜樂。「不是極其興奮的福樂」，泰澤的羅哲弟兄寫道：「而是直接來自那永遠的泉源的歡呼慶祝。」[18]

因此，藉著愛心服務的動力，致力於轉化生命與社會的人，會從艱辛的工作和不少苦困中產生對復活的生活體驗，從而得著支持。那些常常涉及生命困境的，往往有一個歡慶的核心，乃是他們透過受苦節的體驗而發現的，沒有這個，他們根本無法挺過來。他們發現，不讓世界的悲傷使我們忘記基督復活的喜悅，這種觀點對他們來說，是多麼重要的。這喜悅甚具感染力，靠近那喜笑的神聖愚者真好。

簡單而言，基督教是耶穌的生平、死亡和復活，它繼續在每天各人的心裏、教會和社會內發展下去。上帝的子民獲邀參與這神聖的生活，共同為更新的生命和公義的社會而奮鬥。要做到這一點，基督徒需要一些像牧養循環之類的頭腦上的資源，以及「與基督一同藏在上帝裏面」的生命的屬靈資源（西三 3）。

註釋 191

1. 侯活士（Stanley Hauerwas）使人關注到羣體的某些特性，是藉著他們所慣於重述的故事而養成的。特別參 *A Community of Character* (University of Notre Dame 1981)。
2. Sheppard, D., *Bias to the Poor* (Hodder and Stoughton 1983)；Elliott, C., *Praying the Kingdom* (Darton, Longman and Todd 1985)；Hughes, G., *God of Surprises* (Darton, Longman and Todd 1985)；Wallis, J., *Faithworks: Lessons on Spirituality and Social Action* (SPCK 2002).

3. 一個以解放的方法來運用聖經的優秀入門作品，可見 Rowland, C. and Corner, M., *Liberating Exegesis: The Challenge of Liberation Theology to Biblical Studies* (SPCK 1990)。
4. 見例如 Davies, J. and Vincent, J., *Mark at Work* (BRF 1986)；Fraser, I., *Reinventing Theology as the People's Work* (Wild Goose 1988)。
5. Leech, K., *We Preach Christ Crucified* (Darton, Longman and Todd 1994), p. 53.
6. 見註釋 2。
7. Volf, Miroslav, *Exclusion and Embrace* (Abingdon 1996).
8. Green, L., *Let's Do Theology* (Mowbray 1990), p.144.
9. 許多書籍可解釋這些進路的基本原則，例如：Goldsmith, M. and Wharton, M., *Knowing Me Knowing You* (SPCK, 1993)；Riso, D., *Personality Types* (The Aquarian Press 1988)。藉著參加講習班，可學習如何使用這些方法，這會獲益良多。
10. 對這個過程的充分探討，見 Woodhouse, P.W., *In Search of the Kingdom* (Marshall Pickering 1989)。
11. Tillich, P., *The Shaking of the Foundations* (Penguin 1962), p.163.
12. Fraser, I., *Reinventing Theology as the People's Work* (Wild Goose 1988)；另見 Astley, Jeff, *Ordinary Theology* (Ashgate 2002)。
13. 用於基督教靈修學上的故事的東方傳統，見 de Mello, A., *Sadhana* (Image 1984) 及 *The Song of the Bird* (Image 1984)。
14. Elliott, C., *Praying the Kingdom* (Darton, Longman and Todd 1985)，特別是第四至第五章。
15. Galloway, K., *Imagining the Gospels* (SPCK 1988)。有用的摘要，可見 Stevenson, Peter K., "Preaching and Narrative," in Day, D., Astley, J. and Francis, L. (eds), *A Reader on Preaching* (Ashgate 2005)。
16. 例如 Lowry, E., *The Homiletical Plot: The Sermon as Narrative Art Form* (Abingdon 1980) 及 *Doing Time in the Pulpit* (Abingdon 1985)。
17. 例如 Dennis, T., *Speaking of God* (Triangle 1992)；Wangerin, W., *The Manger*

Is Empty (Spire 1988)。

18. Brother Roger, *Itinerary for a Creation in Common* (Taizé).

附錄 A：社區概況

1. 地區名稱

2. 總人口是多少？

3. 是否由某個年齡羣組主導？如果有，是哪個呢？

4. 就業人口屬於哪個社會經濟羣體呢？
   按各情況，寫出大概的百分比（%）

   - 專業及管理行業（professional and managerial）

   - 技工（skilled）

- 非體力勞動（non-manual）
- 半技術工人（semi-skilled）
- 非技術工人（unskilled）

5. 本地的失業情況如何？

6. 該區住房類型的比例如何？

   - 擁有 1919 年後建成的私人物業
   - 擁有 1919 年前建成的私人物業
   - 私人租住
   - 廉租公屋
   - 資助自置房屋

194 7. 家庭平均有多少成員？

8. 人們平均多久要搬屋？

9. 主要類型的屋所，會有多少個房間（不包括廚房和浴室）？

10. 每戶有多少輛汽車？

11. 延伸家庭（extended families）的比例如何？

12. 持續修讀高等教育的中學畢業生的比例如何？

13. 與鄰舍的關係：該區的人是如何相聚的？在哪裏相聚？

14. 社區裏有沒有一些特定的張力呢？

15. 該區有沒有共同興趣的羣體呢？

16. 有沒有任何特殊的社會問題呢？

17. 社區有沒有任何重大的發展計劃呢？若有的話，請附上一個計劃的副本。

18. 教會以外的人傾向如何看教會呢？

19. 請附一張地圖（為了清晰起見，可能需要草圖〔sketch

map〕)，顯明該區的主要特點：道路、房屋類型、休憩用地、康樂設施、學校、酒吧、工業區、教會等。

附錄 B：教會概況

（按自己的傳統來調整）

1. 教會名稱

____

____

2. 按以下年份，提供教會會友名冊上的會友數字（如適用）：
   - 1955 年

     ____
   - 1965 年

     ____
   - 1975 年

     ____
   - 1985 年

     ____
   - 1995 年

     ____

- 目前

3. 會友名冊中，活躍會友的比例是多少？

4. 會友名冊中，住在教區／該區的會友比例是多少？

5. 考慮到傳統慣用的區分，在會友名冊中的會友，他們的社會經濟概況如何？
   - 專業及管理人員
   - 工頭及技工
   - 從事非體力勞動
   - 半技術工人
   - 非技術工人
   - 196 家庭主婦
   - 失業者

6. 恆常返教會人士的大約年齡分佈如何？

7. 會友中，最近有沒有出現任何趨勢呢（例如年輕家庭的增長、青年組織的下滑、更大的比例來自區外）？

8. 請附一份教會組織以及有關它們的特殊功能的清單（另頁）。
9. 教會生活中，還有其他重要的架構嗎（例如領導團隊、牧養關懷小組、家庭小組、平信徒培訓計劃等）？

10. 領袖們如何管理教會？

11. 教會在宣教上的目標是甚麼？

12. 區內有甚麼其他教會？本教會跟其他教會的關係如何？

13. 在「教會的故事」（church story），記下當中的重大的事件，即轉折點、危機、重大發展。

14. 有甚麼東西能推動教會呢？即甚麼是她的真正核心、動機、主要異象呢？

附錄 C：重大事件的記錄

在這裏的「重大事件」，是指一件你曾參與其中的事件，當中你有一定的責任，並使你產生焦慮、困惑、百思難解或樂趣無窮。請概略回答以下問題。

1. 處境：提供足夠的背景資料來理解這事件。

____

____

____

____

2. 描述：描述發生了甚麼事，以及你當時的感受如何。

____

____

____

____

198 3. 分析：

i. 個人反思：為甚麼你有這樣的感受，為甚麼其他人會有那些感受？

ii. 社會的反思：涉及其他社會和結構性因素嗎？如果有的話，是哪些呢？意即有甚麼更廣泛的關注和議題，雖沒有闡述出來，卻實際存在？

iii. 神學的反思：有甚麼神學議題是岌岌可危？有甚麼經文或教義目前可幫助你去理解這事件的意義呢？

4. 評估：評估你處理這事件的手法或對它的反應。你從中學習了甚麼？將來遇上類似或其他情況，你需要為你的行動做些甚麼決定呢？

附錄 D：個人反應素描

1. 最初對教會的印象是甚麼？ 199

2. 你覺得甚麼是最令人愉快的？

3. 你覺得甚麼是最困難的？

4. 在教會事奉的獎勵是甚麼？

____

____

____

____

5. 在教會事奉有甚麼挫折？

____

____

____

____

200 6. 透過這崗位的事奉，你主要學習到甚麼呢？

____

____

____

____

7. 關於你自己的恩賜和技能，有哪一方面能令你得著激勵？

____

____

____

____

8. 對於自己的限制，你學習到甚麼呢？

____

____

____

____

____

9. 實習的事奉有否催使你要建議採取任何行動？

____

____

____

____

附錄 E：講道評估

講員：

教會：

日期：

崇拜類型：

經文或講題：

講章的內容

1. 你認為這篇講章的目的是甚麼？

---

2. 經文或主題解釋得如何？

3. 講章中哪裏能找到「福音」？

4. 講章跟日常生活和實際問題的關連如何？如有，是哪些要點呢？

5. 你的思想是否得到充實？你的情感是否被牽動？你的意向是否受到挑戰？

202 6. 講章與整個崇拜行動的配搭得如何？

講章的宣講

1. 是否有開首祈禱和結尾祈禱？如有，是否合適呢？

2. 講員在開首時能否吸引你的注意力？

3. 你有沒有覺察到講章的結構或方向呢？

4. 講章中的例證如何呢？

5. 你有沒有試過聽道時昏昏欲睡？為甚麼？

____

____

6. 講員所用的語言和概念，是否適合會眾的類型？

____

____

7. 講員的話是否聽得清楚？

____

____

8. 有沒有任何聲音、眼神接觸、動作、服飾等使你投入或分心？

____

____

9. 講員結束講道時，結束得如何？

____

____

10. 哪一件事，你會鼓勵講員繼續做下去呢？

____

____

11. 哪一件事，你會鼓勵講員去改變呢？

____

____

參考文獻

以下書目，就本書大部分章節挑選了一系列有助闡釋內容的重要文本，當中某些書籍可能對數章的討論均甚有價值，但通常都只會提及一次，而不會重複提及。

第一部

第 2 章：實踐神學作為一門學科

Pattison, Stephen, *A Critique of Pastoral Care* (SCM 2000) 提供一個牧養神學的發展概覽，附上某些寶貴而獨特的洞見。

Browning, Don, *A Fundamental Practical Theology* (Fortress 1991) 主張一個近似這裏所概述的進路，但出自美國的場景。

Ballard, Paul H. (ed.), *The Foundations of Pastoral Studies and Practical Theology* (University College, Cardiff 1986)，此書是首次將英國的故事匯集起來。

Campbell, Alastair, *Rediscovering Pastoral Care* (Darton, Longman and Todd 1981) 是英國經典著作，表達了神學重新注入牧養行動的那份想望。

Ven, Johannes van der, *Practical Theology* (Kok Pharos 1992) 代表了天主教的宗教社會學傳統。

Carr, Wesley, *Handbook of Pastoral Studies* (SPCK 1997).

Elford, R. John, *The Pastoral Nature of Theology: An Upholding Presence* (Cassell 1999) ，此書論證了一點，就是所有神學都是實踐性的。

Wright, Frank, *Pastoral Care Revisited* (London: SCM Press, 1996).

Forrester, Duncan B., *Truthful Action* (T&T Clark 2000).

Lartey, Emmanuel, *Groundwork of Pastoral Theology* (Epworth 2005).

Ven, Johannes van der, *Ecclesiology in Context* (Eerdmans 1996) 乃從經驗神學的觀點來看的著作。

204 Rahner, Karl, *Theology of Pastoral Action* (Burns and Oates 1968).

Dulles, Avery, *The Craft of Theology* (Gill and Macmillan 1992)；拉納（Karl Rahner）與杜勒斯（Avery Dulles）是現代天主教思想的代表。

Allan, Joseph J., *The Ministry of the Church: The Image of Pastoral Care* (St Vladimir's Press 1986)：一個東正教的反思。

第 3 章：實踐神學家

有關牧養的文獻汗牛充棟。不過，我們在此的主要關注，乃牧者作為代表性的神學人物，他促使全體上帝子民能以在世界並為世界表達其召命。這是一個經過挑選的書目，包含各種典型的代表，以顯示這個主題的不同而具創造性的進路。

De Gruchy, John, *Theology and Ministry in Context and Crisis* (Harper and Row 1966)；這是一本令人振奮的著作，由一位重要的南非神學家所撰寫。

Neuhaus, Richard, *Freedom for Ministry* (Eerdmans 1992).

Holmes, U.T., *The Priest in Community* (Seabury 1978)；由一位重要的美國聖公會人所撰寫，是其探索牧養與臨在的三部曲中的最後一本，而作者在職業生涯中期，不幸離世。

Poling, James and Miller, Donald E, *Foundations for a Practical Theology of Ministry* (Abingdon 1985).

Moody, Christopher, *Eccentric Ministry* (Darton, Longman and Todd 1992).

Carr, Wesley, *The Pastor as Theologian* (SPCK 1989).

Tidball, Derek, *Skilful Shepherds* (IVP 1997).

James, M.M. and Francis, Leslie, *Tentmaking* (Gracewing 1998) 論及非受薪的事奉之冒升。

Croft, Stephen, *Ministry in Three Dimensions* (Darton, Longman and Todd 1999).

Bowden, Andrew and West, Michael, *Dynamic Local Ministry* (Continuum 2000).

Gibbs, E. and Coffey, D., *Church Next: Quantum Changes in Christian Ministry* (IVP 2001).

Louden, Stephen H. and Francis, Leslie, *The Naked Parish Priest* (Continuum 2003) 研究天主教神甫的當代經驗。

Ven, Johannes van der, *Education for Reflective Ministry* (Peeters Hadleigh 1999) 一個荷蘭天主教的觀點。

第 5 章：實踐神學的模型

在本章內，介紹了不同的實踐神學模型，而參考文獻可見於各節末。

第二部 205

第 6 章：實踐神學的工具

牧養循環得到廣泛運用，但入門簡介卻不太常見。

Green, Laurie, *Power to the Powerless* (Marshall Pickering 1987) 描述一個個別教區的情境。

Green, L., *Let's Do Theology* (Mowbray 1990) 是一本易懂的指南。

另見在第五章中所列出的一些解放主義的文獻，例如 Pattison, Stephen, *Pastoral Care and Liberation Theology* (CUP 1994)。

第 7 章：從經驗中學習

Green, L., *Let's Do Theology* (Mowbray 1990)；這是本書第二部的基礎課本。

Ballard, Paul H. (ed.), *The Foundations of Pastoral Studies and Practical Theology* (University College, Cardiff 1986)；再次，這也是一本基礎課本，涵蓋了許多二十世紀八十年代中期有關實踐神學的議題。

Williams, M., *Learning from Experience* (Grove 1981)；一個簡單的入門。

Lovell, G., *Analysis and Design* (Epworth 1995)；一本有價值的書，論及資料蒐集與理解的方法，以致能與羣體同工。

Foskett, J., and Lyall, D., *Helping the Helpers*；這書涵蓋了監督實習的重要方面。

有關堂會稽查，見 *Faithworks* (www.faithworks.info)。

第 8 章：跨學科的運作

確保跨學科能力的最佳方法之一，就是找出有關領域的最新綜覽調查。有兩個初步處理方法：

i. 求助於辭典或百科全書，這已是綽綽有餘了。而這裏只可提供小型、代表性之選。
ii. 尋找最新的課程教科書，或在相關領域的其他書籍。再次，我們只可提供書選。

這裏提供了一個「起步點」，供讀者作進一步的探索。期刊常常提供近期研究的綜覽，並透過書評讓你知道相關研究的最新進展。

辭典 206

Campbell, Alastair V. (ed.), *A Dictionary of Pastoral Care* (SPCK 1987).

Hunter, Rodney (ed.), *Dictionary of Pastoral Care and Counselling* (Abingdon, expanded edition with CD-ROM, 2005).

Atkinson, D. and Field, D. (eds), *New Dictionary of Christian Ethics and Pastoral Theology* (IVP 1995).

Woodward, James and Pattison, Stephen (eds), *Reader in Pastoral and Practical Theology* (Blackwell 2000).

Willows, David and Swinton, John (eds), *Spiritual Dimensions of Pastoral Care* (Jessica Kingsley 2000).

Carr, Wesley (ed.), *The New Dictionary of Pastoral Studies* (SPCK 2002).

Glazier, M. and Hellwig, M.K. (eds), *The Modern Catholic Encyclopedia* (Gill and Macmillan 1994).

Fahlbusch, E. *et al.* (eds), *The Encyclopedia of Christianity* (Eerdmans 2001).

Macquarrie, John and Childress, James (eds), *The New Dictionary of Christian Ethics* (SCM 1986).

Bradshaw, Paul (ed.), *The New Dictionary of Liturgy and Worship* (SCM 2002).

Richardson, A. and Bowden, J. (eds), *A New Dictionary of Christian Theology* (SCM 1989).

Wakefield, Gordon, *A Dictionary of Christian Spirituality* (SCM 1983).

Sutcliffe, John M., *A Dictionary of Religious Education* (SCM 1984).

Bowden, J. (ed.), *Christianity: The Complete Guide* (Continuum 2005).

心理學與人的成長

Browning, Don, *Religious Thought and the Modern Psychologies* (Fortress 1987).

Jacobs, Michael (ed.), *Towards the Fullness of Christ* (Darton, Longman and Todd 1988).

Jacobs, M. (ed.) *Faith or Fear? A Reader in Pastoral Care and Counselling* (Darton,

Longman and Todd 1987).

Argyle, Michael, *Psychology and Religion* (Routledge 2000).

Watts, Fraser *et al.*, *Psychology for Christian Ministry* (Routledge 2001).

Watts, Fraser, *Theology and Psychology* (Ashgate 2002).

Fontana, D., *Psychology, Religion and Spirituality* (Blackwell 2003).

Fowler, James, *Faith Development and Pastoral Care* (Fortress 1987).

Slee, Nicola, *Women's Faith Development* (Ashgate 2004).

Adams, Jay E., *More Than Redemption* (Baker Books 1979).

特殊的課題，見 SPCK 的「牧養關顧文庫」（Library of Pastoral Care）。

207 **社會學與社會學方法的基本進路**

i. 社會科學的簡介

Bilton, T. et al. (eds), *Introductory Sociology* (Palgrave 2002).

Filcher, J. and Scott, J. (eds), *Sociology* (OUP 2003).

Hendry, Jan, *An Introduction to Social Anthropology* (Palgrave 1999).

ii. 宗教社會學

Davie, Grace, *Religion in Britain Since 1945* (Blackwell 1995).

Davie, Grace, *Religion in Modern Europe* (OUP 2000).

Bruce, Stephen, *Religion in Modern Britain* (OUP 1995).

Parsons, Gerald, *The Growth of Religious Diversity* (Routledge 1993).

Hunt, Stephen J., *Religion in Western Society* (Palgrave 2002).

Woodhead, Linda and Heelas, Paul (eds), *Religion in Modern Times* (Blackwell 2000).

Hamilton, Malcolm, *The Sociology of Religion: Theoretical and Comparative Perspectives* (Routledge 2001)

Zuckerman, Phil, *Invitation to the Sociology of Religion* (Routledge 2003).

牧養專業與模型

Russell, Anthony, *The Clerical Profession* (SPCK 1980).

Schon, Donald A., *The Reflective Practitioner* (Arena 1999).

Pattison, Stephen, *The Faith of the Managers* (Cassell 1997).

Pattison, Stephen and Pill, Roisin (eds), *Values in Professional Practice* (Radcliffe 2004).

Legood, Giles (ed.), *Chaplaincy: The Church's Sector Ministries* (Cassell 1999).

Orchard, Helen, *Hospital Chaplaincy: Modern, Dependable?* (Sheffield Academic Press 2000).

Bowden, Andrew, *Ministry in the Countryside* (Mowbray 1994).

Green, Laurie, *Urban Ministry and the Kingdom of God* (SPCK 2003).

第 9 章：神學反思

神學反思的實際例子，見於 Green, *Let's Do Theology* ，以及 Ballard, *Foundations*。

Taylor, M., *Learning to Care* (SPCK 1983)；此書對關聯性反思，概述了一個頗繁複的進路，但附上了有用的例子。

Whitehead, J.D. and E.E., *Method in Ministry* (Harper and Row 1980).

Kinast, L. Robert, *Let Ministry Teach: A Guide to Theological Reflection* (Liturgical Press 1996).

O'Connell Killen, P. and Beer J. de, *The Art of Theological Reflection* (Crossroad 2001).

Wells, Sam, *Improvisation: The Drama of Christian Ethics* (SPCK 2004).

Graham, Elaine et al. (eds), *Theological Reflection: Methods* (vol. I) — *Reader* (vol. II) (SCM 2005/06).

208 **實踐神學對聖經的討論**

Ballard, Paul and Holmes, Stephen R. (eds), *The Bible in Pastoral Practice* (Darton, Longman and Todd 2005).

第 10 課：現今處境下的宣教

堂會研究

Arbuckle, Gerald A., *Earthing the Gospel* (Geoffrey Chapman 1990).

Gibbs, Eddie, *I Believe in Church Growth* (Hodder and Stoughton 1981).

Hopewell, James F., *Congregation: Stories and Structures* (SCM 1987).

Ammerman, Nancy T. et al., *Studying Congregations* (Abingdon 1998).

Dudley, Carl, *Effective Small Churches in the Twenty-first Century* (Abingdon 2003).

Grundy, Malcolm, *Understanding Congregations* (Mowbrays 1998).

Guest, Mathew et al. (eds), *Congregational Studies in the United Kingdom* (Ashgate 2004).

Cameron, H. et al., *Studying Local Churches* (SCM 2005).

教會與社區

Henderson, Paul and Thomas, David N., *Skills in Neighbourhood Work* (Routledge 2001).

Twelvetrees, Alan, *Community Work* (Palgrave 2001).

Ballard, Paul (ed.), *Issues in Church Related Community Work* (University College, Cardiff 1990).

Lovell, George, *Analysis and Design* (Epworth 1995).

Lovell, George, *Consultancy, Ministry and Mission* (Burns and Oates 2000).

Furniss, George, *Sociology for Pastoral Care* (SPCK 1995)

Lampard, John S., *Look at Your Church* (Epworth 1975) .

Handy, Charles, *Understanding Voluntary Organisations* (Penguin 1988).

Grundy, Malcolm, *Community Work: A Handbook for Volunteer Groups and Local Churches* (Mowbray 1995).

Fineron, Doreen, *Faith in Community Development* (University of Manchester 1993).

Fineron, Doreen et al., *Challenging Communities* (Churches' Community Work Alliance n/d).

Morisy, A. *Beyond the Good Samaritan* (Mowbray 1997).

Morisy, A. *Journeying Out* (Morehouse 2002).

跨宗教關係

Race, Alan, *Christians and Religious Pluralism: Patterns in the Christian Theology of Religions* (SCM 1983)；三重模式的經典闡述。

Race, Alan, *Inter-faith Encounter* (SCM 2001).

Plantiga, Richard J. (ed.), *Christianity and Plurality: Classic and Contemporary Readings* (Blackwell 1999).

D'Costa, Gavin, *Christian Uniqueness Reconsidered: The Myth of a Pluralistic Theology of Religions* (Orbis 1990). 209

D'Costa, Gavin, *The Meeting of Religions and the Trinity* (T&T Clark 2000).

Ramachandra, Vinoth, *Faiths in Conflict* (IVP 1999).

Dupuis, Jaques SJ, *Christianity and the Religions: From Confrontation to Dialogue* (Darton, Longman and Todd 2002)；一個天主教的綜覽和研究。

Hooker, Roger and Lamb, Christopher, *Love the Stranger: Christian Ministry in Multi-faith Areas* (SPCK 1986).

Hooker, Roger and Sargent, John (eds), *Belonging to Britain: Christian Perspectives on Religion and Identity in a Plural Society* (CCBI 1991).

Cracknell, Kenneth, *Towards a New Relationship: Christians and People of Other Faiths* (Epworth 1986).

Trivasse, Keith, *Walking Toward the Mosque* (Contact Pastoral Trust 2004).

Haslam, D., *The Churches and 'Race': A pastoral approach* (Grove Books 2001).

宣教

Abraham, William J. *The Logic of Evangelism* (Hodder and Stoughton 1989).

Avis, Paul, *A Ministry Shaped by Mission* (T&T Clark 2005).

Barrow, Simon and Smith, Graeme (eds), *Christian Mission in Western Society* (Churches Together in Britain and Ireland 2001).

Bosch, David J., *Witness to the World: The Christian Mission in Theological Perspective* (Marshall, Morgan and Scott 1980).

Bosch, David J., *Transforming Mission: Paradigm Shifts in the Theology of Mission* (Orbis 1991).

Donovan, Vincent J., *The Church in the Midst of Creation* (SCM 1989).

Kirk, J. Andrew and Vanhoozer, Kevin J. (eds), *To Stake a Claim: Mission and the Western Crisis of Knowledge* (Orbis 1999).

Kirk, J. Andrew, *What is Mission? Theological Explorations* (Darton, Longman and Todd 1999).

Newbigin, Lesslie, *The Open Secret* (SPCK 1978).

Newbigin, Lesslie, *Gospel in a Pluralist Society* (SPCK 1989).

Stott, John, *Christian Mission in the Modern World* (Falcon 1975).

Taylor, John V., *The Go-Between God: The Holy Spirit and the Christian Mission* (London: SCM Press, 1972).

Ward, Pete, *Liquid Church* (Paternoster 2002).

Ward, Pete, *Selling Worship* (Paternoster 2005).

後現代主義

Lyon, David, *Postmodernity* (Open University 1994).

Grenz, Stanley J., *A Primer on Postmodernism* (Eerdmans 1996).

Heelas, Paul, *The New Age Movement* (Blackwell 1996).

Heslam, Peter (ed.), *Globalization and the Good* (SPCK 2004).

Lynch, Gordon, *Understanding Theology and Popular Culture* (Blackwell 2005).

Walker, Andrew, *Telling the Story: Gospel, Mission and Culture* (SPCK 1996).

Goodliff, Paul, *Care in a Confused Climate: Pastoral Care and Postmodern Culture* (Darton, Longman and Todd 1998).

第 11 章：由反思到行動

Green, *Let's Do Theology*；在此特別有價值。

Hull, J., *What Prevents Christian Adults from Learning?* (SCM 1985)；一個思想周全的研究：關於反思過程的某些可能結果，以及有甚麼可阻止它們。

Craig, Y., *Learning for Life* (Mowbray 1994)；一個對許多學習方法及其強弱點所作的綜覽調查，這調查既全面又實際。

Kane, M., *What Kind of God?* (SCM 1986)；將反思的模型及行動的要求放在一起。

Fontana, David, *Psychology for Teachers* (Palgrove 1995)

Adair, John and Nelson, John, *Creative Church Leadership* (Canterbury 2004).

Torry, Malcolm, *Managing God's Business* (Ashgate 2006).

Pattison, Stephen, *The Faith of the Managers* (Cassell 1997).

第 12 章：跟任務相當的靈性

Ellilot, C., *Praying the Kingdom* (Darton, Longman and Todd 1985).

Hughes, G., *God of Surprises* (Darton, Longman and Todd 1985)；這兩本由 DLT 出版的書，是將靈修與行動放在一起的過程及必要性的例子。

Vanstone, W.H., *Love's Endeavour, Love's Expense* (Darton, Longman and Todd 1977)；傳統對事奉的要求，是建基於一種倒空自我的神學和靈性。

Leech, K., *Spirituality and Pastoral Care* (Sheldon 1986).

Moody, C., *Eccentric Ministry* (Darton, Longman and Todd 1992).

Neuhaus, R., *Freedom for Ministry* (Eerdmans 1992)；為事奉的真正基督教根源，作出了有力而持續的論證。

Wink, W., *Engaging the Powers* (Fortress 1992).

McGrath, A.E., *Christian Spirituality: An Introduction* (Blackwell 1999).

Holmes, U.T., *History of Christian Spirituality: An Analytic Introduction* (Morehouse 2002).

Wakefield, Gordon S., *Groundwork of Christian Spirituality* (Epworth 2001).

Thorne, B., *Person Centred Counselling and Christian Spirituality: The Secular and the Holy* (Whurr 1998).

Volf, Miroslav, *Exclusion and Embrace* (Abingdon 1996).

Astley, Jeff, *Ordinary Theology* (Ashgate 2002).

Wallis, J. *Faithworks: Lessons on Spirituality and Social Action* (SPCK 2002).

索引的頁碼為英文原書頁碼，而原書頁碼已標於正文兩旁。

索引

九劃

十劃

十九劃

二十劃

二十一劃

二十二劃

二十四劃

實踐神學系列

連結牧養與實踐的橋梁，面對當下處境的挑戰。

鐵窗內的心靈世界——香港基督教監獄事工面面觀

Beyond the Walls of Separation: A Practical Theology of Prison Ministry

白德培 (Tobias Brandner) 著／馮達揚 譯／關瑞文 系列主編／HK$88

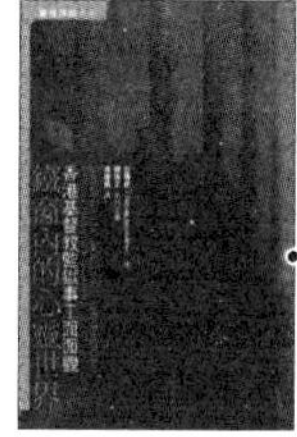

監獄這地方，常令人聯想起無法無天的瘋狂世界。當進入監獄的現實時，探訪者所面對的，不僅是那忐忑不安的體驗，也是伴隨著的靈性和文化含義。本書不單可以令我們更了解囚友，更可為我們的生命帶來更新和改變，並使我們認識因服事囚友而擴闊的神學視域。與此同時，本書也為從事監獄事工者提供了實務指引，例如探訪者所必須具備的基本態度和溝通技巧。為了幫助讀者進深了解各章課題，以及讓這本書在監獄以內和以外的教會事工皆用得著，作者於每章結尾附加「延伸閱讀」部分，並建議了一些用作小組討論的問題。

鮮活故事——教會裏的牧養輔導

Living Stories: Pastoral Counseling in Congregational Context

甘東農 (Donald Capps) 著／李金好 譯／關瑞文 系列主編／HK$88

「鮮活故事」的概念，統合了治療大師艾力遜、亙茲拉威克、狄世沙等人所提倡的輔導理論，作者甘東農有洞見地提出，教會牧養輔導者根本就是常常聆聽會眾的故事，以重新詮釋他們的故事，來協助他們在主內成長，大步跨過死蔭幽谷。若牧養者能把握啟發故事 (inspirational story)、弔詭故事(paradoxical story)和神蹟故事(miracle story)的竅門，教會的牧養輔導工作，必然事半功倍。本書不是寫給輔導專家或牧養神學家看，而是專為牧職人員而寫的。讀者不必有深厚的輔導基礎，也能掌握書中所談。

易構——牧養關顧的新方法

Reframing: A New Method in Pastoral Care

甘東農 (Donald Capps) 著／譚偉光 譯／關瑞文 系列主編／HK$83

易構 (reframing) 是離開原有的視角和框架，重新建構另一框架去看同一件事情。「塞翁失馬焉知非福」，就是中國人運用易構智慧的最佳例子。雖然我們在日常生活中常常會用到易構法，但成功易構的比率卻不多，尤其是在關顧事工上。本書從理論層面分析易構法，並提出在使用易構時該注意的事項，以致能有意識地使用易構法，提高成效。此外，更提供案例和各種牧養處境，説明多種使用易構時可挪用的技巧。本書獲祈連堡 (Howard Clinebell) 等牧養輔導大師全力推薦。

短期牧養輔導：理念與介入方法

Brief Pastoral Counseling: Short-term Approaches and Strategies

霍華德．斯通（Howard W. Stone）著╱李金好 譯╱關瑞文 系列主編╱ HK$93

大部分教牧人員、輔導員和心理治療師都假定：輔導是需要好幾個月甚至幾年才會見效的。但是，種種研究卻提出另一面向：受助者都希望快速地將問題處理好，他們一般只會接受來四次或以下的面談次數，如果在初段的數次面談都不能引發改變，受助者便會放棄繼續治療。本書從策略的層面幫助輔導員弄清楚受導者的真正需要，從而指派家課，再加強受導者本身已有的強處；以及介紹多個介入方法，以促使受助者所想望的改變發生。

生命猶如文本：以詮釋學再思牧養輔導

The Living Human Document: Re-Visioning Pastoral Counseling in a Hermeneutical Mode

格爾金（Charles V. Gerkin）著╱羅燕明 譯╱關瑞文 系列主編╱ HK$118

本書援用了博伊申（Anton Boisen）的「生命猶如文本」（Living Human Document）概念。依照博伊申的說法，當人嘗試對一個努力解決靈性議題的人的「語言」生活體驗作出解釋時，他或她就好像在詮釋一份在歷史上著名的文本一樣。牧養輔導員在詮釋這個像文本的生命時，他或她可以使用很多世俗的治療方法，但他們的工作卻必須首先牢牢紮根於基督教信仰。在這個基礎上，格爾金提出一個替代辦法，以解決神學與心理學之間的衝突。他首先證明詮釋語言和觀點可以怎樣串連神學與心理學，然後討論如何在牧養輔導當中實際應用詮釋學，並且輔以有用的個案資料作為說明。

緊扣時代 服事教會

以文字傳揚基督真道

讀者意見表

衷心多謝你購買本社書籍。本社一直致力以出版事工服事教會，幫助信徒扎根於神的話語，促進靈命增長。為使我們的出版更能滿足你的需要，請填寫下列各項資料，並寄回或傳真予本社。

所購書籍：____________________

本書最吸引你的地方：
□作者 □適切性 □文筆 □設計 □實用性
□其他：____________________

購買本書地點：
□基道書樓 □基督教書店 □非基督教書店

性別：□男 □女 職業：____________________

信仰：□基督徒 □非基督徒

年齡：□ 16 歲或以下 □ 17～25 歲 □ 26～35 歲
□ 36～55 歲 □ 56 歲或以上

學歷：□中三或以下 □中五 □預科
□大學 □研究院

□我欲更多了解基道出版社的事工及考慮支持，請寄給我下列資料：
□機構簡介 □新書資料 □基道會員通訊
□《基道文字事工通訊》

姓名：____________________ 電話：____________________

地址：____________________

____

傳真：____________________ 電子郵件：____________________

其他意見：____________________

____

多謝賜教！

基道出版社

意見表可以傳真（2687-0281）或直接郵寄以下地址：
香港沙田火炭坳背灣街26號富騰工業中心1011室
基道出版社編輯部收